台湾の戦後日本

敗戦を越えて生きた人びと

大谷 渡
Ohya Wataru

東方出版

はじめに

記念日となったシンポ

受話器を取ると、「今日は記念日ですね。」という声が飛び込んできた。一瞬間《ま》をおいて、「蔣《しょう》さん？」と聞き返すと、「去年の今日だったでしょう。それで、電話をかけました。」と、はずんだ声が聞こえてきた。二〇一二年一〇月一日の朝だった。

前年のこの日、関西大学で開催したシンポジウムに、特別講演者として彼女を招いた。台南第二高女卒業と同時に、台湾総督府海外派遣篤志看護助手に志願した彼女は、太平洋戦争末期に南方から重症の将兵が続々と運び込まれる広東第一陸軍病院（波八六〇〇部隊）の勤務に就いた。一九四五年六月には米軍機による空襲を避けて傷病兵を伴って山村に疎開し、敗戦後は中国軍に引き渡されて捕虜同然の生活を強いられた。

それから半年を経てようやく故郷の台南に帰ると、台湾は中華民国となっていた。復員後、彼女は本名の「梅子《うめこ》」を「梅《ばい》」と改名することになった。やがて葉《よう》と結婚して葉蔣梅となった。

初めて会った時、彼女は繁体字の中国語新聞と日本の新聞を示し、「あなた、どちらが読みやすい?」と尋ね、言葉を継いだ。

戦地から帰った時、私は日本語の読み書きはあなたと同じようにできたけれど、こちら(中文)の方は全くできなかった。戦争が終わって台湾に帰ると、これができなければ公務に就けない国に変わっていた。苦労して勉強し覚えたのですよ。

初等教育からずっと日本の教育で育った「蔣さん」たちは、日本語で思考し、こみ上げる日本語による感情によって泣きもし笑いもして、長い人生を歩んできた。彼女の一つ下の妹も、台南第二高女に学んだ。カリフォルニア在住の妹と交わす手紙は、いつも日本文である。達筆でこまやかな情感あふれる姉妹の手紙に触れた時、戦後生まれの私はしばしの間、時空の錯綜する思いにとらわれた。

蔣さんの娘と息子たちは、日本語をまったく話せない。大学教員でカナダに住む娘とは主に電話を用いて北京語で話すが、日本語で表現できるような複雑なことは伝えることがむずかしい。台湾にいる孫たちは北京語しか話せないので、意思疎通を図るのが容易ではない。今は亡き両親とは台湾語で話したが、日本語教育で育った彼女とは意思疎通が十分でなかったという。

「私たちの世代がいちばん可哀相なんですよ。」

台北市内の大通りから路地に入った住宅の一室で、蔣さんが口にした言葉は年の瀬の日没の静寂を衝いて、私の胸に重く沈んだ。

あれから何度、台北を訪ねるたびに彼女に会っただろう。

そのころ彼女は、「台湾一陸会」の副会長をしていた。会長は名目的で蔣さんが実質上の代表だった。戦中に広東第一陸軍病院に勤めた台湾人看護助手たちが、戦後しばらく経ってからいわば戦友会ともいうべき集まりを作ったのである。この会の年一回の総会に、一度私も同席させてもらったことがあった。総会といっても、中華風レストランでの和やかな食事会だった。私の参加を前もって知っていた人たちは、陸軍病院時代の写真や手記などを持参し、戦中の体験や日本への思いを語ってくれた。

心に国境は引かれず

いつも約束の時刻に急ぎ足で現れる蔣さんは、ちょっとユーモアがあって穏やかな人柄だった。だが時おり、彼女は台湾人軍人・軍属に対する戦後の日本政府の姿勢に強い不満を示した。陸軍病院勤務時代の『軍事郵便貯金通帳』を見せながら、未返還だった問題について語り、天引きのうちの故郷への仕送り分は届けられた形跡がないという。長く放置され、ずっと後に物価指数をスライドさせるかたちで返還された返還金についても、まったく妥当な金額ではないというのである。

語るにつれ語気がやや強まるその話は、確かに補償額のことなのだが、主たる思いの核心は補償金にあるのではなかった。生命をかけて「祖国」日本に尽くした赤誠に対する、戦後の日本政府の態度はあまりにも冷淡ではなかったか。戦後日本は、まったく別の国になったというのか。

日本の敗戦によって国境線が新たに引かれ、世界の枠組みが大きく変わった。しかし、である。だからといって私たちを忘れてよいのか。日本人としての教育を受けて育ち、日本に命をささげた私たちを忘れてよいのか。いや、断じてそんなことがあってよいはずがない。戦後の日本政府は、何故に日本人に対すると同様に戦中の私たちの労苦をねぎらおうとしなかったのか。それはあまりにも理不尽なことではなかったか。

日本統治下の台湾に生をうけ、蔣さんたちは日本人として育った。その生い立ちと、戦時下の体験や、戦後ずっと持ち続けた日本への篤い思いに触れるにつけ、切々たる蔣さんの心情には、時に言葉も無くすほど打ちのめされそうになった。

戦後の台湾社会を長く生きてきた蔣さんは、自国の政治や経済のこと、国際社会のことなどを十分承知の上で、なおかつ台湾と日本の間において、未だその心には国境が引かれていないのである。シンポジウムでの特別講演を依頼した時、蔣さんは日本政府に「言いたいことがある。」と言ったが、講演では政治的なことに一切触れなかった。台湾総督府から派遣された広東第一陸軍病院での日々と敗戦後の体験の事実を淡々と語り、戦後まもなく編纂された部隊史『魚眼』から三首の短歌を引用して講演を締めくくった。

別れても別れてもなお看護助手この名尊く永久《とわ》にかゞやけり

別れゆく二百の友よそのゆくて幸多かれとただ祈りつつ

姉上と慕いよる友の今はなく木枯し寒く旅衣うつ

蔣さんの講演「広東派遣台湾人篤志看護助手の青春」が終わった時、一般の来場者だった年配の女性が近づき、蔣さんの手を取って、「あなたの話をもっと聞きたかった。」と、涙ながらに語りかけた。シンポジウムのタイトルは、「青春と戦争の惨禍―大阪日赤と救護看護婦―」だった。蔣さんたちは、広東第一陸軍病院で大阪日赤救護班の看護婦たちとともに勤務したのであった。

人生に寄り添う

シンポジウムに蔣さんを招いた年の三月一一日、未曽有の震災が東北地方を襲った。台北のホテルで、繰り返し流れるニュースの映像を見た私は、一瞬何が起こっているのかわからないといった感覚にとらわれた。この時蔣さんは、日本を襲った大災害のニュースに接し、じっとしていられなかったという。彼女は貯金を引き出して、高額の義援金を台湾の赤十字に届けた。台湾には、何千何万人ともしれない蔣さんと同じ心を持った人たちが暮らしている。

蔣さんにシンポジウムでの講演を依頼した時、彼女は即座に快諾してくれた。ただし、壮健とはいえ高齢の蔣さんを招くためには、近くに住む子息の了解が必要と思われた。そのことを伝えると、まもなくして「息子は了解しているので大丈夫です。孫がいっしょに行きたいと言っている。」とのことであった。

安心した私は蔣さんを招く準備を進め、かつて台湾総督府派遣の篤志看護助手たちが勤務した広東陸軍病院跡の実地調査などを終えて八月下旬に帰国すると、「息子が反対し出した。でも私は行きます。」との電話が入った。事情がわからないまま、九月初めに台北で子息に会うことにした。懇談の結果、幸い子息も快く了解するところとなり、旅券の手配も済んだ九月下旬に、今度は「娘がカナダから帰って来て、私の日本行きを強硬に反対している。」と言う。

二、三日して、強硬な反対の主、すなわち蔣さんの長女から突然電話がかかってきた。先方は英語でまくしたてる。母は健康上日本には行けないというのである。

「電話では十分意が尽くせないので、E-メールでやり取りしましょう。」と言うと、「OK」ということなので、それから二、三時間、E-メールでのやり取りが始まった。送られてくるメールは、かなり高圧的な英文である。健康診断の結果、コレステロールの数値が高いとか何とか、何度やり取りしても反対のためのメールが返って来るだけだった。「蔣さん」をシンポジウムに招くことになった経緯にも、子息がすすんで同意のサインをしてくれたことにも、まるで耳を傾ける姿勢はなかった。とうとう最後のつもりでメールを書いた。あなたは、本当に母親思いでやさしい娘だと思う。これほど母を思う娘であるならば、お母さんの気持ちを理解してあげることができるはずだ。お母さんがいちばん大切にしている彼女の人生そのものをあなたは否定するのですか。どうか願いを聞いてあげてほしいと書いて送った。

しばらくして変化があった。私が送ったメールをアメリカにいる弟や台湾の兄弟に転送したメールが入ってきた。そして、「私が付き添って行きます。」との返事が送られてきた。シンポジウムの前日、私は妻といっしょに蔣さんと娘さんを関西空港まで迎えに行った。研究のためでも、ましてや政治目的でもなく、ひたすら蔣さんの人生に寄り添おうとしている私の気持ちが伝わったのであった。

ところで、六、七年も前のことである。台湾から派遣され広東の陸軍病院に勤めた元看護助手だった蔣さんたちと話している時、驚くべき出来事を耳にしたことがあった。「十年余り前のことだけれど、私たち商売女にされそうになったことがあった。」「無茶苦茶ですよ。」と言う。日本から来た弁護士のTが、元看護助手の会や陸軍看護婦だった人たちに接触してきたという。目的は彼女たちの名簿を手に入れることだった。言葉巧みに近づき、「戦後補償」「賠償金」といったことをちらつかせて名簿を手に入れようとし、もう少しで軍属だった台湾人看護婦、看護助手の名簿が持って行かれそうになったというのである。

志をもって傷病兵を看護し、将兵を看取った私たちを「慰安婦」に仕立て上げようとした。絶対に許せない。名簿を持って行かれそうになった日、気づいた私たちは、必死で取り戻しに行ったのよ。もう少しで持って行かれて、「慰安婦」にされるところだった。取り返せてよかったけれど、本当に危ないところだったのですよ。

その出来事を語った時だけは、穏やかな彼女たちが激しい怒りをあらわにした。弁護士Tは何のためにそんなことをしたのか。日本での政治活動に利することが目的だったのか、自己利益のための思想活動が目的だったのか、その真意は知る由もないが、彼女たちの話だけではとうていその目的や事実関係を明確にはできそうになかった。ただ、その背景には、当時のいわゆる「慰安婦問題」をめぐる日本国内の政争や対外的アクションと関わる緊迫したイデオロギー闘争が存在したことが推察される。それと同時に、彼女たちの怒りをかったその行為には、女性の「生」に対する拭いがたい差別意識が感じ取れる。

蔣さんたちは、決して戦中を懐かしんでいるのではない。苛烈だったあのような戦争は、二度とあってはならないとの思いは強い。ただ、ひたむきに生きた戦争の時代が、何ものにも代えがたいその人生の一部なのである。日本統治下に育ち戦後七〇年を生きてきた台湾の人たちは、日本が始めた戦争のただ中で、日本人として青春期を過ごしたことを、私は忘れてはならないと思う。

戦争で亡くした肉親や戦友に深い哀惜の念を持ち続け、平和を祈る強い気持ちも日本内地と内地に引き揚げた日本人と何ら変わるところがない。ただ戦後、国境を隔てた彼らの存在を多くの日本人が忘れてしまっただけではないか。この人たちの人生とその心情に寄り添うことに気付いてこそ、初めて歴史の真実に触れることができるように思える。

本書は、何十人もの台湾の人たちから、幾度となく聞き取り調査を重ねて口述資料を収集し、日本と台湾での研究調査によって収集した文字資料との照合検討をとおして史実を確定し、戦中から戦後七〇年の激変する時代を生きた台湾の市井の人たちの人生から、現代史の一齣《ひとこま》を綴ろうとしたものである。

●目次

第一章　終戦の激流と邂逅《かいこう》

二人の出会い

台北《たいほく》の北投《ほくとう》には、日本の統治時代に競馬場があった。ここに保安警察総隊の本部が移転したのは、エミ（本名・傅秀松《ふしゅうしょう》）が保安警察隊に勤めて一年後だった。戦後まもなく、公館《こうかん》（台北帝国大学、現・台湾大学の南側）の水源地に本部を置いた保安警察隊は、統治権が日本から中華民国に移った後の台湾の治安対策や海岸線の防衛を任務とした。今では保安警察のことも、日本時代の競馬場のことも、知る人はほとんどいない。現在は北投の同地に、国防大学政治作戦学院が置かれている。

太平洋戦争末期に、台湾総督府海外派遣篤志看護助手に志願したエミは、広東第二陸軍病院（波八六〇一部隊）で敗戦を迎えた。中国軍による広東珠江《しゅこう》の中洲、花地《かち》の集中営への抑留七か月を経て、彼女が台湾に復員したのは翌年四月だった。「エミ」は戦中に名のった日本名の富山恵美子の愛称であり、今も彼女は本名の下に「Amy 恵美」と印刷した名刺を使っている。

故郷の中壢《ちゅうれき》に帰ったエミは、九月から一二月までの四か月間、国語伝習所の講習を受けて「中華民国三十五年十二月二十七日」付の修了証書を受けている。「中華民国三十五年」は一九四六年、すなわち昭和二一年である。この伝習所の所在地は新竹県中壢鎮と記されている。エミが帰国すると、新竹州は新竹県に、中壢郡は中壢鎮に代わり、国語は日本語から北京語に代わっていた。職を探すのは容易ではなかったが、翌年初めに台北市内の文具店に勤めた。今の重慶南路(戦前は南門町)にあったこの店に、保安警察隊員がよく文具を買いに来た。保警の隊員は、戦後に大陸から来た人たちばかりだったから、勉強した北京語がさっそく役立った。親しくなった隊員から、「あんた警察にならんか。」と勧められ翌年試験を受けた。

一九四八年四月九日から、エミは保安警察の制服を着て、保安警察総隊警務処雇員として勤務についた。台湾省保安警察総隊の総隊長は陳孝強《ちんこうきょう》だった。エミは、「台湾省保安警察総隊日日命令」と記された「総隊長陳孝強」名の文書を今も保管していて、「彼は客家《はっか》語を話した。先に台湾に来て、万華《まんか》(台北市内万華駅の東)の警察学校を接収した。」と話す。彼女が所蔵している「民国三十九年七月」(一九五〇年七月)の人事命令書にも、「総隊長陳孝強」の名が記されている。

保警に入った翌年四月、エミは「民衆夜学校成人班国語音楽教師」を命じられ、宜蘭《ぎらん》県蘇澳《そおう》に派遣された(「台湾保安警察総隊第一大隊第四中隊民衆夜学校聘書　中華民国三十八年四月八日」)。この夜学校派遣時に、蘇澳山頂で撮った彼女の写真が現存する。

台北県に接する宜蘭県は、太平洋に面していて、峻嶮な山並みが海岸線に迫っている。エミが育った台湾海峡側の新竹県とは、海岸線の景観が大きく異なる。住民に北京語を教える夜学校講師として、六月まで蘇澳に派遣されたエミは、翌月に保安警察総隊第一大隊護士（看護師）、ついで総隊本部「医療室護士」への転属を命じられ、北投の総隊本部の医務室に勤務することになった（「台湾省保安警察総隊部人事命令　中華民国三十八年七月廿七日」）。

本部医療室に転属して一年余り経ったころ、砲撃隊長の孫海峰《そんかいほう》が目の治療に通ってきた。しばらくすると、第四大隊の宗《そう》隊長が孫海峰と付き合ってみないかと言ってきた。宗隊長は南京の出身だった。彼の話によると、「孫海峰は北平《ペーピン》（北京）の出身だけれど、日本の陸軍士官学校出なので、広東の日本軍部隊に勤務したあんたとお似合いだと思う。」とのことだった。

孫海峰は医療室に治療に来ては、帰りぎわに折りたたんだ紙片を窓わくに置いていくようになった。紙片には、待ち合わせの場所と時刻が日本語で記されていた。エミは初め誘いを無視していた。「女はしっかりしないといけない。」との思いで、篤志看護助手に志願して広東第二陸軍病院に派遣された時からずっと身を律し、ひたすら勤務に励んできたからである。「あの頃は私、化粧もしなかった。」とエミは言う。

保警本部勤務の頃

北投の総隊本部に転属してから、エミは勤務を終えたあと、台北市延平路七段五号（戦前は大橋町）にあった大美洋裁学院に毎晩通っていた。学院長は日本教育で洋裁を学んだ壮玉樓《そうぎょくろう》という中年の女性だった。雙連《そうれん》駅で汽車を降り、日本時代の静修女学校の横を西に抜けて台北橋のたもとまで歩く。いつも早めに教室に入り、途中で買ってきた布を裁台《たちだい》に置いて、一人で型紙作りのための図を描くのが日課だった。

ある日、エミは第二大隊の周《しゅう》隊長が尾行しているのに気付いた。周は福建省の出身だった。大陸育ちの中国人隊員とは異なり、日本統治下の台湾で育ったエミには、以前から外出時に監視が付けられていた。彼女は気付いてはいたが、あまり気にしなかった。いつものように雙連駅で降り、太平町で布を買って代金を支払おうとすると、後ろから周が突然お金を出したので、びっくりして拒絶した。彼女が買った布の代金を支払おうとしたことで、周という男の個人的意図を察知したエミは、怒りに震えて走り出した。その夜は、周の行為への嫌悪感がよみがえり、痙攣《けいれん》して眠れなかったという。

当時、保安警察隊員たちの訓練は特別きびしかった。逃亡した隊員は銃殺された。エミは、逃亡者の銃殺を二回見たことがあったという。

周隊長の尾行はその後も続いた。彼女は撒《ま》くことを思い立ち、円山《えんさん》駅で急いで降りた。周も慌てて降りたようだった。「当時、円山駅付近は田畑が広がっていた。田んぼ道を雙連の方に向かって歩いていると、牛が走って来て、イモを植えていたおじいさんが牛を追っかけ、その後ろを周隊長が追ってくる。牛の角を見て、私は真っ青になって逃げたことがあった。」とエミは言う。ちょうど同じ頃、「台北駅の近くで、自殺した人を見たこともあった。怖かった。あの頃は、みんな貧乏だった。」と、彼女は一九四九年当時を回想する。

円山駅の周囲は、今はすっかり都市化してしまった。花博の会場に行列ができていたのも、もう一昔前になる。円山駅も雙連駅も、現在はMRT淡水線の駅になり、雙連駅は地下鉄駅になっている。在来の汽車路線は一九八〇年代末に廃線となった。

エミが大美洋裁学院の速成科を卒業したのは、一九五〇年二月一九日だった（大美洋裁学院「畢業證書」）。「私、洋服を見ると、わりと苦労せずにすぐに作れるようになった。ずっと後に東京へ行った時、洋裁学校を見学してみると、同じことを学習するのに三年ほどもかかっているのでびっくりした。」と彼女は言う。洋裁学院を終えてから、台北市重慶南路一段二二号にあった東欧打字員補習班に通い、タイプライターの資格も取得した（東欧打字員補習班「畢業證書」）。

保警総隊本部の医療室勤務時代には、部隊内の女性寮に住んでいた。中国人の看護師や薬剤師が何人かいた。エミのほかに台湾人女性が一人いた。初めは、一人で一部屋を使っていたが、しばらくして同い年ぐらいの中国人女性の王免《おうめん》といっしょになった。王免は、エミが保警を辞めてから本部医療室の勤務に就いた。

保警の女性寮は道路側が窓になっていた。道を通る隊員たちが、部屋の窓に「I love you」などと落書きをした。広東第二陸軍病院に勤務していた戦中の生活は厳格だったが、傷病兵の受け入れと送り出しを担当する「発着」当番に就いた時などには、兵隊が「愛している」などと言って来ることがあった。「私、活発で可愛かったから。」とエミは言う。

孫海峰との結婚

初めは孫海峰の誘いを無視していたものの、エミは少しずつ彼と付き合うようになった。海峰との会話は日本語だった。洋裁学校へ行く途中の蕎麦屋《そばや》に入って、いっしょに蕎麦を食べたのが最初だった。何を話したのか、遠い昔のことなので、彼女はほとんどを忘れてしまった。「お家の様子はどうですか。」などと、家族のことを聞かれたことだけが印象に残っている。その時彼女は、結婚のことなど考えてもみなかった。店を出ると、エミは「私、払う。」と言ってお金を出した。彼はその動作をちらりと見て帰ったという。

しばらくして、孫海峰は部下を連れて中壢のエミの生家を訪ねた。「私の家庭を見に来たのだと思う。」と彼女は言う。そのうち駅で待ち合わせるようになり、二、三週間に一度ぐらいの割合で、彼といっしょに中壢に帰るようになった。

「台湾の人間、中国人嫌いなの。」とエミは言う。彼女の両親、特に母は結婚に反対した。休日の午後に待ち合わせたある日のこと、エミは二、三日前から用意していた手紙を海峰に渡した。「私、暇がないから結婚しない。さようならって書いたと思う。」と彼女は言う。「この手紙を受け取ったら、私、結婚しないと決めていた。」とも話す。だが、海峰は手紙を見ずに、すぐに捨ててしまった。「私、運命かなと思った。」と言う。

エミはプロポーズを受ける時に、「私は外の仕事が好きだから、社会のことをしたいの。」と告げた。彼は「いいよ。」と言って受け入れてくれた。エミは、「お嬢さんみたいな、何もできない」女性にはなりたくなかった。女学校への進学を勧めてくれた公学校の阿部先生のような女性になりたかった。阿部先生は、台湾人の児童を自宅に呼んで、兄弟みたいにみんなで餅《もち》を食べるのが好きだった。

エミの兄は、孫海峰との結婚に賛成してくれた。日本の士官学校を出ているのだから、台湾の思想と同じだと言って喜んでくれた。父は小さな鉄工場を営んでいた。生活には多少のゆとりがあった。反対だった父も、海峰が来るたびに鶏をつぶしてもてなした。当時は水道がなかったので、井戸端でつぶした鶏を洗った。「うちの主人はいつも手伝うので、彼のそんなところを姉はとても気に入ってくれた。」と言う。海峰は客家語も閩南《びんなん》語（台湾語）も解せなかった。エミの家族との会話は日本語だった。

結婚前、「映画を観に行きましょう。」と、海峰は時々エミを誘った。人前では離れて歩いた。人がいなくなると、彼はそっとエミの手をとった。当時は今とは違っていたと彼女は言う。

少女の頃のこと、近所のおかみさんたちが洗濯場で夫婦喧嘩《げんか》や男女のことを大声で話しているのを聞いていたことがあった。見とがめた母は、「子供が大人の話を聞くものじゃない。」と言って、きびしく叱った。保警の医療室に、二号を持つ陳小隊長が来て、夫婦の話をしながらホルモン注射を打ってくれと言った時、彼女は母のしつけを思い出した。

戦時中には地域の防空意識を高めるために、「若草会」と名付けられた青少年の宣伝隊が組織されていた。宣伝効果を上げるために、歌劇の練習などをして新竹州の田舎を回った。近所の徐《じょ》家の息子も参加していた。歌劇の練習から帰って来ての別れ際に、徐家の息子が彼女の肩に触れたのを見て、母はとても怒ったほどだった。その妹は、篤志看護助手に志願してエミとともに広東に行ったという。

戦時下の少女時代

生家の門口で撮った家族の写真は、エミが七、八歳の時だというから、一九三五年（昭和一〇）頃であろう。おかっぱ頭のエミは、「お正月だから和服を着る。」とねだって、和服姿で写っている。彼女の右が祖母、左が弟を抱いた母、右端が父、母の後ろが兄、エミの後ろは二番目の姉で、長寿だったが最近亡くなった。日本語がとても上手だった兄も、すでに他界していない。

日本統治時代に台湾人の小学校は、公学校と言った。エミの公学校本科の卒業証書には、「傅秀松」「昭和十六年三月十七日」「台湾公立新竹州中壢第二公学校長従七位勲七等臼井貞二」と記されている。彼女が卒業した同年三月に国民学校令が公布されたので、中壢第二公学校は四月から白河国民学校と改称した。

卒業して一年後の四月に、白河国民学校の校庭で女教員たちといっしょに撮った写真がある。左端のおかっぱ頭の少女がエミ、その斜め前が大分県出身の阿部ハナ子訓導である。「阿部先生

少女時代の傅秀松と家族、中央の和服姿が秀松、1935年頃

白河国民学校の女性教師、前列左端が阿部ハナ子、
2列目左端が傅秀松、1942年

はとても優しくて、女性も職を持って自立するには勉強しないといけないと、いつも私を励ましてくれた。」とエミは言う。彼女に女学校への進学を勧めた阿部ハナ子は、裁縫の先生だった。エミの姉と阿部訓導が相談して、勉強のよくできた彼女に台北の静修女学校を受験させた。合格したけれども、両親は首を縦に振らなかった。女の子の進学に反対だったのである。父は公学校の高等科へ進むことも許さなかった。総督府の奨励にもかかわらず、女の子を本科にさえ通わせない家庭も多かったから、高等科への進学に反対だったのは特別なことではなかった。戦時中に台中の女子師範学校を出て公学校訓導となった張蕊《ちょうずい》は、「男尊女卑が強かったのですよ。女に教育をつけると、頭が高くなって旦那さんをバカにするからだめだという風潮があった。」と語る。

利発で明るいエミをとても可愛がった臼井校長は、進学を断念せざるをえなかった彼女を見かねて「学校に手伝いに来なさい。」と言い、国民学校の給仕として雇うことにした。「校長先生の机をきれいにしながら、勉強も教えてもらった。」と、エミは当時を回想する。

この時期に、彼女は帝国女学会の通信教育を受けている。学監大妻コタカ名の卒業証書の日付は、一九四二年（昭和一七）一一月二二日である。卒業証書には、「本会所定ノ課程ヲ卒業セシ事ヲ證ス」とあり、講習科目として二〇科目が記されている。

「婦人道徳」「家庭修養」「家庭経済」「家事」「和洋裁縫」「編物」「学芸各種」「料理」「礼儀作法」「育児」「国語」「英語」「地理歴史」「作文」「習字」「花道」「家庭常識」「美容法」「家庭科学」「趣味と常識」

中壢新街に宿泊し南方へ行った日本兵、1943年

白河国民学校に宿泊した獣医将校とともに、1942年

大正から昭和にかけて、技芸学校や女学校経営に力を注いだ大妻コタカは、この時期に通信制女学校の学監も務めていた。エミが卒業証書を手にした年に、大妻は女子専門学校設置（東京）の認可を受けた。戦時中に婦人団体の幹部を務めて活動した大妻は、戦後教職追放にあったが、解除後に大妻女子大学の学長に復帰した。高等女学校や専門学校への学園の発展とは別に、大妻コタカが夜間学校や通信教育を通して、進学のかなわなかった多くの少女に勉学の希望を与えた事実は忘れてはならないと思う。

エミが二人の獣医将校と撮った写真は、白河国民学校の給仕だった年の暮れのものという。国民学校の講堂や中壢街の公会堂など、町のあちこちに兵隊が寝泊まりしていた。朝になると片づけて、昼間はどこかで訓練をしていた。白河国民学校に宿泊した獣医将校と撮った写真には、向かいの劉家の娘も写っている。この女性は、学校に行けなかった人たちに日本語を教えていた。しばらくすると、中壢街にいた部隊は何処とも知れず立ち去った。

年が明けて数か月すると、別の部隊が中壢街に逗留《とうりゅう》した。裏面に「昭和十八年五月二十七日」「斎藤軍曹」と大きくペン書きされた写真には、南方用軍服姿の兵士二人が並んでいる。斎藤軍曹たちの部隊は、中壢にしばし駐屯した後に、「たしかマニラに行ったはず。」とエミは言う。

戦地への志願

エミは白河国民学校の給仕として勤めたあと、中壢警察署の電話交換手兼事務員となった。朗らかな彼女はどこへ行っても可愛がられた。中壢署に勤務していた一九四四年（昭和一九）二月に、エミは第三回台湾総督府海外派遣篤志看護助手に志願した。警察署で事務の仕事をしていた彼女は、派遣のための練成会には行かなかったという。

五月下旬に海外派遣の召集があった。自宅に令状が送られてきたのは、午後三時頃だった。父はさっそく卵を買いに行き、「お国のために働いてくるように。」と言って、祝ってくれた。この時すでに、南支派遣の軍属だった親族の中に戦没者が出ていたというから、娘を送る父の気持ちはいかばかりであっただろう。出発の朝には、姉婿がいっしょに中壢駅で汽車に乗り、エミを新竹まで送ってくれたという。

中壢からは、五人の篤志看護助手が召集されていた。新竹州内の召集者は新竹駅に集合の後に点呼を受け、汽車で高雄に向かった。学校の先生や生徒たちが駅に集まり、日の丸の小旗を振って彼女たちを送った。高雄に着いたのは夜だった。エミたちは、夜道を歩いて西子湾《せいし》近くの宿舎に入った。風呂は五分間というようにすべてが軍隊式だった。

二十日ほどして乗船した。大きな輸送船だった。船が香港に着いたその日に、米軍の空襲があった。広東到着後、エミたち九九人が広東第二陸軍病院（波八六〇一部隊）に入隊した。当初の予定人員は一〇〇人だったが、一人死亡して九九人になったという。広東第一陸軍病院には、二〇〇人が入隊した。彼女たちは、この二つの部隊を「一陸」「二陸」と略称した。

「二陸」は、市街百霊路の知用中学校と中山路の方面医院を接収して使っていた。エミは方面医院に置かれた伝染病棟勤務となった。看護婦宿舎は、知用中学校内に設けられていた。宿舎と方面医院は徒歩数分の距離にあり、近くに六榕寺がある。方面医院の場所に、現在は人民病院が建っている。

エミが所蔵している「二陸」で撮った集合写真（知用中学校内）には、はち切れんばかりの笑顔を含む九人の台湾人看護助手が写っている（次頁）。「二陸」での第三回派遣看護助手の写真は、数枚しか現存しないから貴重な一枚である。「一陸」は、東山の培正中学校を接収して使っていた。培正中学校の敷地は広く、当時校内で撮った写真は比較的多く現存する。

エミが配属された病棟には、アメーバ—赤痢患者が収容されていた。死者が出ると遺体の処置

広東第二陸軍病院勤務の台湾総督府派遣第３回篤志看護助手たち、後列左から２人目が傅秀松（エミ）、1944年

をした。同期であっても年上の看護助手は、「頼むわね。」と言って、いやな仕事を年少のエミに押し付けて逃げることがしばしばだった。遺体を消毒して綿を詰める。病死者の所属部隊に連絡しても、引き取りに来ないことが多かった。夜、闇の中を火葬場に運んだ。

南方から傷病兵がひっきりなしに運ばれてきた。ビルマや海南島から運ばれてくる兵たちには、マラリア患者やチフス患者が多かった。重症の兵には赤い札が付けられた。彼らはまず助かることはなかった。消毒には気を付けていても、感染して亡くなった台湾人看護助手もいた。

終戦の年四月頃から、米軍の空襲が激しくなった。「二陸」から徒歩三〇分ほどの場所に、衛生兵と看護助手たちで防空壕を掘ることになった。近くに白雲飛行場があった。機銃掃射は頻繁だった。エミはご飯を入れる缶を持って宿舎を出るなり、機銃掃射を受けたことがあった。「あの時、玉砕するつもりだった。」と彼女は言う。

苦難と帰国

終戦の時、友達だった書記の柯《か》和枝が書類を焼くようにと言ったのを、エミは覚えている。「一陸」の台湾人看護助手たちが、中国軍の引き渡し要求によって、花地の集中営に移動したのは九月三日だった。中国軍の車が病院の外で待っていた。「みんな大泣きに泣いて、行くのを嫌がった。」とエミは言う。引き渡される前に、倉庫にあった軍需品の幾つかが彼女たちに配られた。エミは薬やミシン糸、毛布やバンドなどをもらったという。和枝は花地には行かなかった。彼女には広東在住の親戚があったので、一時そこに身を寄せてから台湾に引き揚げた。楊梅《ようばい》出身の看護助手の戴芙蓉《たいふよう》も花地には行かなかった。親戚があったので、そこへ身を寄せたのだろうという。エミにも、厦門《アモイ》に住んでから広東に引っ越していた親戚はあったが、探してまで頼るつもりはなかった。「食べ物ないでしょう。迷惑かけられない。私はみんなといっしょにいるのが一番よいと思った。」と言う。

集中営での生活はひどかった。屋根の壊れた倉庫に入れられ、下は石ころだった。石ころの上に毛布を敷いて寝た。雨が降ると、斜めに毛布を吊って、破れた屋根から漏れ落ちる雨をしのいだ。わずかばかりの米を与えられたが、野菜も水もなかった。汚れた水で顔を洗い、洗濯するし

引き揚げ船が台南沖に着いた時を描いた孫傅秀松の絵

かなかった。珠江の水は死体が浮いていて飲めなかった。ひもじいので、日本の部隊でもらったミシン糸と食べ物を交換しに市街地へ行った。六榕寺の裏を歩いている時、中国人に誘拐されそうになったことがあった。

　花地の集中営にいた時、エミは激しい腹痛に襲われた。右腹部の痛みで右足を伸ばすこともできなかった。医者はいなかった。思い余った仲間の看護助手たちの計らいで、少し離れた河南の捕虜収容所にいた元の第二陸軍病院部隊のもとに担架で運ばれ、伊丹康人軍医の治療を受けた。麻酔がないので手術はできなかったが、薬の投与を五日ほど受け、痛みが治まったという。

　終戦の翌年四月二一日、エミたちを乗せたサイパン号が台南沖に着いた。縄梯子《なわばしご》を下りてはしけで安平《アンピン》港に上陸した。苦難の一年一〇か月を経て、ようやく彼女たちは故国台湾に帰ったのである。後にエミは、台南沖に引き揚げ船が着いた時の絵を描いていて、「此処は何処……。覚えていますか。台南安平港。」「台南安平海上で上陸許可を待つ……。」と記している。

エミの生家の前には、縦貫公路が南北に走っていた。今はビルが並んでいて、すっかり様変わりしたが、当時は並木が続いていた。その並木の下で撮ったワンピース姿のエミの写真がある。帰郷してようやく落ち着いた頃のものという。復員した年の写真はこの一枚しかない。

復員直後に自宅前の縦貫公路に立つ傅秀松、1946年

中壢新街をエミの案内で訪ねたのは、二〇一三年八月だった。台北駅前のバスターミナルで待ち合わせて中壢に向かった。バスを降りたところが延平《えんぺい》路。ビルに挟まれた広い道路を車がひっきりなしに行きかう。姪にあたる女性が営む菓子屋と、弟の妻が開いている装飾店に立ち寄る。

弟は初めホンダのバイクを売っていたが、亡くなる前に商売替えして今の店になったという。二階建ての大きなビルは銀行になっていて、道路に面した一階にはいろいろな店が並んでいる。弟の妻の店は、その一区画に入っている。このビルの土地は、エミの親族が所有していたもので、ビル建設の折に、親族一同が協議して提供することにしたのだという。

延平路に面して、桃園《とうえん》県中壢市新街国民小学校の校門がある。守衛の許可を得て中に入ると、小学校とは思えないほど立派な鉄筋コンクリートの校舎が広いグラウンドを囲むように建っている。渡り廊下を奥に進むと、五本の大樹が空を覆っていた。案内板に「茄苳爺爺」「一九三六年、歴史悠久」と記されている。エミは、「公学校の時からあった木が、こんなに大きくなった。」と言う。

さらに奥へと進むと、日本家屋が現れた。一九三四年（昭和九）建築の教員宿舎が「桃園県歴史建築」に指定され、校庭に保存されているのだった。

中壢国民小学校内保存の日本時代教員宿舎の案内板

台北松山の日本家屋で

エミは、復員して五年後の一九五一年七月に、孫海峰と結婚した。この年に、孫海峰は蒋介石隷下部隊の教育担当軍官に就いた。二人は結婚後、台北松《しょう》山《ざん》の日本家屋に住んだ。エミは、ここで長女と長男を出産した。戦前には、松山に日本人がたくさん住んでいた。残された日本家屋は、空軍や鉄道局などの官舎として使われた。戦後、大陸から渡って来た一般人民が入居した家も多かった。現在の松山には、桃園国際空港とは別に、松山空港があることでも知られている。

孫海峰とともに日本の士官学校で学んだ弟の景峰《けいほう》も、終戦後に兄に付いて台湾に来ていた。面倒見のよい兄は、弟が台湾の鉄道局課長に就けるよう計らった。鉄道局の弟の宿舎に、海峰は結婚前にエミを時々連れて行った。「中国から来て、家族がないので可哀相でしょう。海峰といっしょに掃除なんかをしてあげた。」と彼女は話す。

エミ夫妻は、結婚後に鉄道局の宿舎に入った。平屋建て六畳の和室が二部屋あり、庭が付いていた。裏もかなり広かった。「あそこで子供が生まれた。」とエミは言う。

「娘の時、おなか小さかった。」「近くに鉄工場があって、田んぼに鉄くずがたくさん落ちていた。家にいて待つだけでは産みにくくなると思い、運動になるしお金にもなるから田んぼで鉄くずを拾っていると、おなかが痛みだした。」と言う。

海峰は六時頃に退勤した。産まれると聞いた夫は、いったん壁に掛けた軍帽をかぶり直した。「どこへ行くの。」とエミが尋ねると、「中壢へ行く。」と言って出て行った。「産まれるのは明日の朝だと聞いて、母を中壢へ迎えに行ったの。男だから怖くなったみたい。」と言う。

隣家の夫妻が産婆を呼んでくれた。「隣の奥さんはやさしい人で、卵を焼いて勧めてくれたが、おなかが痛くて食べられなかった。」「夫が迎えに行った実家の母は、出産に間に合った。」「紙を敷いて、布を敷いてと、こまごまと教えてくれた。」と、彼女は初めて出産した時のことを振り返る。

空軍宿舎の前で長女を抱く孫傅秀松、松山虎林街、1953年

半年後の一九五三年夏に、松山虎林《こりん》街の空軍宿舎前で、長女を抱いて撮ってもらった写真がアルバムに貼られている。後ろに写っている空軍宿舎は、日本統治時代の和風住宅であることが一目でわかる。この年エミは、「松山天主堂何《か》神父」によって受洗した。夫孫海峰の中国の実家ははやくにキリスト教に改宗していて、海峰は生まれた時に洗礼を受けていたのだった。

夫の弟景峰は、兄とともに日本の士官学校に留学したが、真面目で几帳面な兄とはずいぶん性格が違った。エミは、鉄道局宿舎の景峰の家に置かれたトランクに、米ドル紙幣がたくさん入っているのを見たことがあった。鉄道局の宴会などで遅くなることが多く、賭博もしているようだったので、叱責《しっせき》したことがあった。

エミは、「私、嫌いなの。賭博。」と言う。中壢警察署に勤めていた時、日本の警察は賭博を取り締まった。当時彼女は、賭博で悲惨な目にあった家族を目の当たりにした。

楊梅《ようばい》の人で林《りん》さんという人。金持ちだったけれど、賭博で財産を全部なくした。奥さんは台湾人のやくざに取られ、娘も取られそうになった。娘さんは工女となって台北へ行った。牢の中で林さんは水も飲ませてもらえなかった。電話交換と事務の仕事をしていた私は、可哀相に思って、水を飲ませてあげたことがあった。
エミが意見した夫の弟景峰は、後にコスタリカに渡ったという。

第二章　海峡の危機と軍人家族村

宋美齢の下で

中華人民共和国成立が正式宣布されたのは、一九四九年一〇月一日だった。この年一二月八日に、中華民国国民政府（国府）は台北に移転した。翌五〇年六月に、朝鮮戦争が勃発した。米大統領トルーマンは、「台湾中立化」を宣言し、第七艦隊を台湾海峡に派遣した。エミの自筆ノートには「一九五〇年、韓戦爆発」とあり、「一九五一年四月一七日、婦聯会成立一周年」と記している。中華婦聯会は、会長宋美齢の下に国府軍（中華民国国民政府軍）の軍人の妻たちが組織されていた。五一年に海峰と結婚したエミも、婦聯会の活動に参加した。

一九五四年の第一次台湾海峡危機と、五八年の第二次台湾海峡危機の時、エミは松山の鉄道局の官舎で長女と長男の出産と育児の最中《さなか》にあった。国府軍将校だった夫の海峰は、人民解放軍による金門・馬祖への砲撃に直面する厳しい臨戦態勢の中にいた。

第二次海峡危機の翌年、エミたちは台北市郊外の板橋《ばんきょう》に引っ越した。アメリカの援助を得て、台北県板橋鎮大観路に、軍人家族の住宅五〇〇戸の建設が進められていた。住宅建設の責任者は、国府軍家族の福利厚生に力を注いでいた蒋介石の妻宋美齢だった。全戸完成は六〇年八月だったが、建設中の五九年に、宋美齢が米国大使館の婦人とともに一部完成した住宅を視察していて、その時にエミが撮った写真が残っている。

翌年一月に、エミは中華婦聯会婦聯一村工作隊長に任ぜられた。現存する六一年三月の「中華婦女反共抗俄《こうが》聯合会」の委員名簿の中に、エミ（傅秀松）の名がみえる。「反共抗俄」の「俄」はソ連のことである。名簿には、台湾全島各地の分会役員及び工作隊長一四〇人の「単位」「職務」「姓名」「籍貫」「通訊処《つうじんしょ》」「電話」欄があり、「婦聯一村工作隊」「隊長」「傅秀松」「北平《ペーピン》」「台北県板橋鎮浮洲里《ふしゅうり》婦聯一村五二二号」「天山総機転婦聯一村村公所」と記されている。「籍貫」欄の「北平」は、北京出身の孫海峰の妻となったエミの結婚後の戸籍を示している。

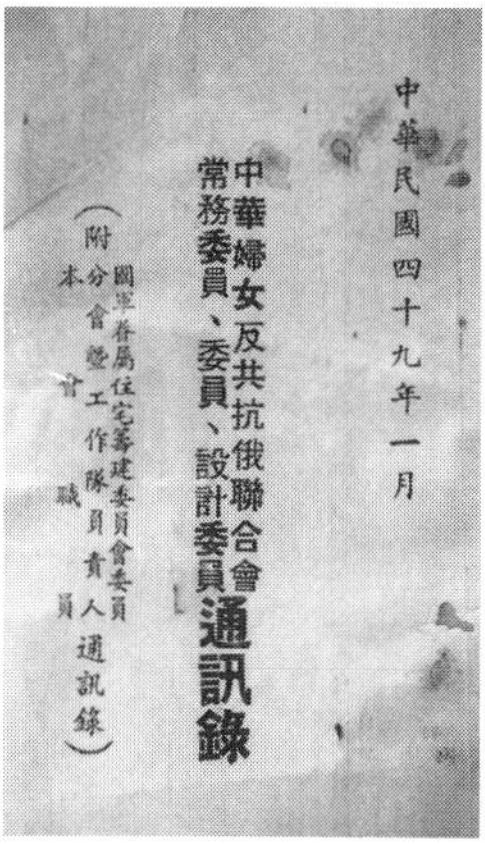
中華民國四十九年一月
中華婦女反共抗俄聯合會
常務委員、委員、設計委員通訊錄
（附 國軍眷屬住宅籌建委員會委員
分會暨工作隊負責人通訊錄
本會職員）

『中華婦女反共抗俄聯合会常務委員、委員、設計委員通訊録』1950年

板橋に建てられた将校以上の軍人家族の住宅の近くには、国共内戦で夫を亡くした軍人遺族の住宅三〇〇戸ほどが建てられていた。内戦時における戦死者の妻や子が、大陸から逃れ来て住んでいた。山東省から移住した人たちが多かったという。

板橋浮洲里の婦聯一村に、蒋介石と宋美齢が突

中華婦聯会婦聯一村工作隊員、
前列中央が孫傅秀松、1960年

然現れたことがあった。夕方に退勤して、いつものように自転車で帰宅した海峰は、婦聯会のエミの報告書を代筆していた。その横にいて、ふと戸外に目をやったエミの視線が、村に入って来る蒋介石の自動車をとらえた。びっくりした彼女は、「蒋介石が来た。」と夫に告げた。「早く、早く行け。」の声を聞くなり表へ飛び出した。

　蒋介石が建物の中に入って、椅子に腰かけて一足、二足と、足を前に出したところへ、駆けつけたエミが「ニーハオ　マ（お元気ですか）」と、にこにこしながらあいさつした。その時宋美齢が、「あなたの軍人（部下）は動作が遅いようね。私の姉妹（同志）はとても速いでしょう。」と、蒋介石にしゃれて見せた様子を彼女は忘れられない。後を追ってきた海峰も部屋に入って来たので、エミは蒋介石と握手を交わした。「とても親しかったの。」とエミは話す。このことがどのように伝わったものか、翌日、警備司令部から人が来て、「一人の女が蒋介石と握手した。」と、婦聯一村の李《り》村長に告げた。これを聞いた村長は、密告があったのではないかと心配したという。

軍人の家族を監督する国家の事務所は、「聯勤《れんきん》」と呼ばれた。エミは婦聯一村の「聯勤」からの報告義務を担っていた。文書は、夫が退勤後に書いてくれることが多かった。エミの任務はすべて奉仕活動だったから、報酬は一切なかった。

仁愛新村で洋裁を教える孫傅秀松、1962年

「夫は自分の仕事が忙しいのに、私の仕事にいろいろ口を出したのよ。」とエミは言う。

海峰が言い出したことから、宋美齢に建言して、軍人家族村の子供を預かる幼稚園を開くことになった。黄《こう》という女性を保母として雇い、子供を見てもらうことになった。その頃エミは、軍人家族村の庶務全般からさまざまな奉仕活動を担当していた。病人があれば、病院に運ぶ自動車を手配し、婦聯村に必要な物品があれば購入した。資金は、宋美齢の慈善事業基金から出ていて、エミが預かっていた。

エミを真ん中にして、婦聯一村の事務所前で撮った中華婦聯会工作隊員の写真が残されている。彼女が仁愛新村で婦人工作隊員、すなわち軍人の妻たちに洋裁を教えている写真は、一九六二年のものである。「中華婦女反共抗俄聯合会」は、日常には特に反共・反ソの宣伝活動を行うことはなかった。軍人家族の精神的なつながりとして、家庭生活における文化的な取り組みに力を注いでいたという。

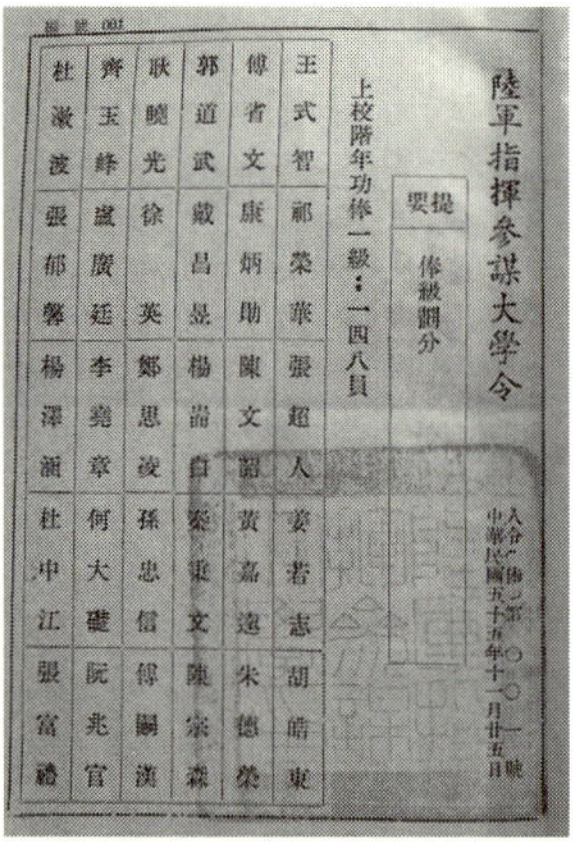
陸軍指揮參謀大學令

中華民國五十五年十一月廿五日

提要
俸級劃分

上校階年功俸一級：一四八員

王武智	祁榮華	張超人	姜若志	胡皓東
傅省文	康炳助	陳文韶	黃嘉遠	朱德榮
郭道武	戴昌昱	楊當白	蔡東文	陳宗森
耿曉光	徐英	鄭思凌	孫忠信	傅嗣漢
齊玉峰	盛廣廷	李堯章	何大鏗	阮兆官
杜漱波	張郁馨	楊澤涵	杜中江	張富禮

「陸軍指揮参謀大学令」1966年

孫海峰と日本人軍事教官

エミが夫の遺品として大切にしている文書の中に、「国防部令」と「陸軍指揮参謀大学令」がある。「中華民国五十三年一月九日」（一九六四年）の文書「国防部令」には、「参謀総長陸軍一級上将彭孟緝《ほうもうしゅう》」名により、一〇人の勲章受章者が記されている。この中に孫海峰の名があり、「実践学社」「陸軍歩兵上校編訳官」「忠誠勤敏卓著勛《くん》労」と記されている。「中華民国五十五年（一九六六年）十一月廿五日」付の『陸軍指揮参謀大学　民五十五年　軍官俸給劃《かく》分』には、「陸軍指揮参謀大学令」として、「上校階年功俸一級」のところに「孫海峰」の名がみえる。「上将」は「大将」、「上校」は「大佐」のことである。

ところで、エミのアルバムには、一九七五年に軽井沢の篠田正治の別荘を訪ねた折に、夫妻といっしょに撮った写真が一枚貼られている。その写真を指しながら、彼女は篠田正治について次のように語った。

日本から招かれた「白団」の軍事教官として、二〇年ほど台湾にいた人です。元日本陸軍士官学校の教官だったの。戦後しばらくして、台湾に招かれて軍事教官に就いていた。主人が通訳をしていたので親しかった。よく主人が家に連れて来たので、食事をともにすることが多かった。

エミが言う「元日本陸軍士官学校教官」の「篠田正治」について、防衛省防衛研究所図書館所蔵の『自昭和十九年至同二十年　陸軍士官学校歴史　第十八巻』を閲覧すると、昭和二〇年の「転入者名簿」の中に篠田の名が現れる。同名簿には、「二、一五　陸軍士官学校留学生中隊長熊予士校　陸軍少佐　篠田正治」と記されている。篠田は終戦の年の二月一五日に、熊本予科士官学校から神奈川県座間の陸軍士官学校に転入し、留学生中隊の中隊長すなわち教官に就いた。この時の彼の官等級は陸軍少佐だった。

一九四五年（昭和二〇）二月といえば、エミの夫孫海峰が座間、相武台の日本陸軍士官学校に留学して二年目を迎えた時期だった。教官と生徒というそれぞれの立場にあった二人は、この時には、まさか日本の敗戦を経て数年後に、台湾の国府軍でともに任務に就くなどとは、夢想だにし得ないことだった。

実践学社と「白団」

先に記したエミの話の中にみえる「白団」とは、国共内戦に敗れて台湾に逃れた蔣介石軍、すなわち中華民国国民政府軍の軍組織指導者として招かれた旧日本軍将校団のことである。エミが所蔵している「白団団長・富田直亮将軍秘話」と題する文書には、一九四九年までに人選が進められ、「第一次要員十九名（海軍将校一名を含む）が同志として血盟を結んだ」とあり、次のように記されている。

団長には、岡村将軍の信頼厚い富田直亮少将（終戦時、南支にいた第二三軍参謀長）が就任した。白団という。富田少将の化名（変名）「白鴻亮」の頭文字をとって名付けられたものであるが、「共産軍（紅軍）に対抗する軍組織の指導者」という意味を有するものともいわれている。

右の文中の「岡村将軍」とは、元支那派遣軍総司令官岡村寧次のことである。同文書「白団団長・富田直亮将軍秘話」は、小笠原清執筆の「蔣介石を救った日本将校団」の記述を引いて、蔣介石から岡村寧次宛に、台湾に撤退させた部隊の再建に旧日本軍人の「協力を得たい」との要請があったと記し、「これがその後二十年も続く白団活動の原点となった」と書いている。なお、「白団」については、名越二荒之助編『台湾と日本・交流秘話』（展転社、一九九六年）に、斎藤五郎執筆の「海明禅寺に眠る白団団長・富田直亮将軍」が掲載されていて、エミが所蔵する文書「白団団長・富田直亮将軍秘話」と記述内容が同じである。

台湾における「白団」の活動は、一九四九年から六九年まで続き、八九人の旧日本軍将校が参加したという。一九七五年に、エミが軽井沢に訪ねた篠田は、「二〇年ほど『白団』の将校として台湾にいた。」と彼女は言うのである。

そして、前掲の「白団団長・富田直亮将軍秘話」には、「白団の創設以来、終始にわたり同団と関係の深かった」という曹士澂《そうしちょう》上将の述懐を引用し、「白団」の活動内容を次のように記している。

1．台北の大直営区で円山軍官訓練団を設立して、一般の高・中・下階級の短期訓練を行った。

2．陸軍三十二師を実験部隊として指定し、白団から十数名の教官を選んで三十二師の各団に配属し、部隊と共同生活を通じ、円山の教育訓練と一致させることにした。

3．実践学社（実体は三軍連合大学）を設立。実践学社の主旨は長期間の軍事教育を行うことであり、高級・中級に班別し、戦史・軍事哲学などの学術理論を教授し、同時に実兵指揮と各種の兵法演習、現地戦術と三軍連合演習などを教育した。

4．動員幹部訓練班を設立し、各地の軍・公・民間各機関の幹部を集めて訓練を受けさせ、各種の動員法規と動員用の各種文書を作らせた。

さらに、同秘話は、次のような「白団」の功績についての曹士澂上将の総括を揚げている。

まずもっとも重要な点は、日本式の徹底的な精神教育によって負けた軍隊の士気が上がったのです。

負けただけでなく貧しい軍隊でしたから、同じように貧しかった日本の教育が一番あっていたのです。それからいろんな演習によってさらに自信がついた。

遂に登（上）陸作戦もできるようになったのです。総統さんは評価が明解にわかる演習をとても重視していた。白団はその要求に的確に応えてくれました。

こうしてみてくると、エミの夫、すなわち日本の士官学校に学んだ孫海峰が、「実践学社」「陸軍歩兵上校編訳官」だった意味がより明確になってくる（エミ所蔵文書「国防部令」一九六四年）。エミの夫海峰は、陸軍参謀大学軍官として、蔣介石軍の高級軍事教育に携わり、「白団」とも密接な関係を持っていた。だから彼女は、「白団」将校帰国後数年たった一九七五年に、親しかった日本人将校の一人篠田正治を軽井沢に訪ねたのであった。

ちなみに、前掲「白団団長・富田直亮将軍秘話」にみえる国府軍の曹士澂上将は、昭和初期に日本の陸軍士官学校に留学した経験を持っていた。防衛省防衛研究所図書館所蔵の『陸軍士官学校中華民国留学生名簿』の「第二十二期学生　一二〇名」「昭和四年十月入学　同六年七月卒業」の中に彼の名があり、兵科「歩」、出身地の省「江蘇」、出身地の府（県）その他「上海法租界敏体蔭路一五〇号」と記されている。

金門島砲撃下で

一九五四年九月三日に、中国軍が金門・馬祖両島への砲撃を開始したのが第一次台湾海峡危機であり、五八年八月二三日に始まる中国による大規模な金門島への砲撃が第二次台湾海峡危機である。八月二四日には、米第七艦隊が台湾海峡で戦闘態勢に入った。

エミが「金門派遣」の話を夫から聞いたというのは、おそらく第二次海峡危機の時のことであろう。「私も金門島へ行く。」とエミが言うと、「お前が行って何をする。」と海峰が叱ったので、「私、ナイチンゲールだから役に立つ。」と言い返したという。「子供たちはどうする。」と言うので、「中壢の母に預かってもらう。」と応えた。エミは大戦末期の米軍機の爆撃下で傷病兵が続々と運び込まれる日本軍の広東第二陸軍病院に勤務したナースだった。筋金入りのエミの主張に、夫も困ったことであろう。

「私もいっしょに行くという話が、蔣介石に聞こえたらしい。夫は金門島へは行かなかった。」と、エミは言う。「蔣介石に聞こえた」という回想の真偽のほどはわからないが、海峰は陸軍参謀大学の編訳官だったので、金門島に派遣されることはなかったのであろう。

激烈な砲撃に晒された海峡の危機に際して、多くの中華民国国民政府軍の将兵が金門・馬祖両島の守備に就いた。「あれは八月二三日だった。夫は何回も金門島へ行きましたよ。」と、国府軍の陸軍将校だった李《り》金城《きんじょう》の妻曹佩芳《そうはいほう》は振り返り、次のように語る。

本当に危ないですよ。可哀相ですよ。半年に一回ぐらいしか帰れない。家に帰っても、またすぐに行きました。毎日、ラジオを聴くんです。夫の無事を祈りながら、金門島の戦況放送を聴くのが日課でした。時々夫から手紙が来ます。いつも安心しなさいって書いてあるけれど、心配で、心配でたまらなかった。

第二次台湾海峡危機の時、李金城・曹佩芳夫妻には二人の娘があった。国共内戦を経て、大陸から台湾に渡った夫妻は、高雄港に上陸し、しばらく高雄に住んだあと、台中へ、そして再び高雄に戻っていた。長女と次女は、高雄で生まれた。高雄に戻ってからは、まず鳳山《ほうざん》に設けられた陸軍学校近くの借家に住み、次いで高雄港近くの借家に住んだ。子供が生まれる前は、陸軍学校や港近くの会社に勤めたが、出産後は育児のために働けなくなった。「子供が一人生まれて、続いて二人目もできたでしょう。働きに行けないけど、しょうがなかった。」「夫は金門島でしょう。どうしようかと思った。」と、佩芳は言う。

上海の生まれ

「大正一五年四月八日生まれです。今ね、八九歳です。」と、曹佩芳は言う。生まれた年は「大正一五年」、すなわち一九二六年だが、誕生日の「四月八日」は、どうやら旧暦のようである。したがって、一九二六年三月生まれということになる。

彼女は上海の英国租界に生まれた。生家の曹家は、土地や借家をたくさん持っていて相当裕福だった。母は名を秀珍《しゅうちん》といい二人姉妹の妹だったが、姉が嫁に行ったので、婿養子をとって曹家を継いだ。父は蘇州の生まれだった。上海に来て婿入りしたので、名を曹洪発《こうはつ》といった。

秀珍・洪発夫妻には、一二人の子が生まれたが、成人したのは男一人、女二人の三人だけだった。八人の子が一、二歳で夭折し、一人だけが九つまで育って亡くなった。成人した兄は、佩芳と一四歳離れていた。ずっと大陸にいたが、もう亡くなったという。妹は大陸にいて健在である。

学齢期になった佩芳は、上海の徐家滙《じょかわい》にあった引区《いんく》小学校に通った。六年を終えて卒業したのが数え一二、三歳だった。その年一九三七年に日中戦争が始まった。上海で日中両軍の交戦が始まったのは同年八月一三日だった。

「戦争が始まったので、進学はしませんでした。」と佩芳は言う。ただし彼女は、太平洋戦争が始まるまでの間に、上海の日本語学校に通っていて、日米戦争が始まった頃に相当程度日本語が話せるようになっていた。日本が米英との戦争に突入した一六、七歳だった頃を彼女は次のように回想する。

私、日本の企業に入って仕事したの。元は英国の会社だったガス会社に勤めました。英国人は戦争が始まったのでみんな引き揚げて、日本人ばかりになっていました。会社の長は、山本という人でした。この会社で、電話交換手として働きました。周りは日本人ばかりで、日本語で仕事をしました。

上海で日中両軍の交戦が始まって以降、曹家の生活は急速に苦しくなった。「日本人が入ってきたでしょう。借家も土地も無くなり貧乏になったよ。」と佩芳は言う。父母と兄、そして妹と、家族いっしょに借家暮らしになった。兄は給油所で働き、佩芳はガス会社に勤めて家計を担っ

婚約時の曹佩芳と李金城、1947年

た。父の洪発は、のちに蘇州の田舎に帰りそこで亡くなった。

終戦後、日本人が引き揚げたので、佩芳の仕事も無くなってしまった。彼女は紹介があったので、青島《チンタオ》にあった元の鐘紡の会社に、家族と離れて働きに行くことにした。ガス会社と同じ交換手に就いたが、もう日本語は必要なかった。鐘紡にいた日本人はみんな引き揚げ、中国人の経営になっていたからである。

青島で電話交換手として働いていた時、佩芳は中華民国国民政府軍の陸軍少尉だった李金城と知り合い結婚した。佩芳二一歳、金城二二歳だった。なお、李金城は、王団長の工兵第一七団に所属していた。「あの時、どこへ行くにも私をつれて行ったよ。二人とも若かったもの。」と彼女は言う。結婚後、佩芳は夫とともに上海に戻ったものの、内戦が激しくなり再び青島に移動した。青島の舟山島に集結した軍隊とその家族を乗せた船が高雄に向かった。一九四九年五月二〇日だった。佩芳と金城が乗ったこの船が、共産軍に追われ大陸から台湾に向う最後の船となった。

台湾での生活

国府軍部隊とその家族たちは、高雄に上陸したあと小学校の校舎に入り、そこでしばらく寝泊まりした。「あの時、もうむちゃくちゃよ。軍隊と家族が小学校に入った。何小学校だったか忘れた。高雄の前津《ぜんしん》というところだったか。学校もみんな休みだった。」と、佩芳は言う。

一九四九年五月下旬だったことを考えると、台湾の国民小学校では通常通りの授業が行われていたはずなので、大陸から逃れて来た軍隊と家族を収容するため高雄市内の小学校を接収し、一時その宿舎に充てたものと思われる。小学校の所在地「前津」は、「前金《ぜんきん》」の記憶違いではなかろうか。日本統治時代に、高雄市前金には大和国民学校と東園国民学校があった。一九四四年の大和国民学校は初等科二五学級、高等科二学級、東園国民学校は初等科三五学級、高等科三学級を擁する大きな学校だった。終戦後、日本人が引き揚げたあと、台湾人教員に対する北京語教育と日本人教員に代わる代用教員補充などがあり、戦後の台湾児童への教育が始まっていた。

高雄市内の小学校では、数か月暮らしたようである。父や夫だった軍人は、部隊での訓練があった。「あの時、まだ子供が生まれてなかったので、私一人だった。ほかの軍人の家族はいっぱいでしたよ。」と佩芳は言う。その後、部隊の移動とともにその家族も移動した。「あっちへ住んだら、こっちへと、廟《びょう》やお寺など、空いているところを転々とした。」という。台中に移動した時には、東勢鎮《とうせい》にあった廟に寝泊まりした。台中から高雄の鳳山に戻り、タイプを習って陸軍学校に勤めたが、給金がとても安くて、ここでの仕事はつらかったという。まもなく高雄市内の借家に引っ越して、港の会社に勤めてタイプの仕事をした。この会社の給料はよかったが、長女と次女が生まれたので勤められなくなった。

次女が三歳の時、台南にできた軍人家族村に引っ越した。軍人家族村が宋美齢の尽力によって建てられたことを、佩芳は覚えている。「住むところが無かったから、将校の家族も、兵隊の家族もみんないっしょに住んだ。新しい家だった。」と彼女はいう。ここで、三女・四女、五女が生まれた。

子供がたくさんいるのに、軍人の給料は安いから、どうしようかと思った。子供が小さい時は、家の中で内職をしました。自分の家でうどんを作って、道のそばで売ったりした。自分で作った食べ物など、私なんでも作るよ。子供が少し大きくなると、市場の八百屋でラッキョウや梅干しを漬ける仕事もした。その頃になると、付いてきた上の子たちはラッキョウ剥《む》きを手伝ったりしました。子供を見ながら、外で働けるようになったのは、精忠《せいちゅう》二村に移ってしばらくしてからでした。

表1に示したのは、一九六一年三月現在の軍人家族村工作隊の所在地である。これをみると、

表１　「中華婦女反共抗俄聯合会」の軍人家族村工作隊所在地

名称	職務	姓名	戸籍	住所
婦聯一村工作隊	隊長	傅秀松	北　平	台北県板橋鎮浮洲里婦聯一村522号
婦聯二村工作隊	隊長	酈夢逸	浙江諸曁	台北県板橋鎮浮洲里婦聯二村238号
僑愛新村工作隊	隊長	謝佩華	湖　南	桃園県大溪僑愛新村144号
金門新村工作隊	隊長	蔣維明	湖　南	桃園県楊梅埔心金門新村99号
馬祖新村工作隊	隊長	鄒　静	湖　南	桃園県中壢鎮龍岡馬祖新村60号
公学新村工作隊	隊長	顔佩瓊	雲　南	新竹県赤土崎公学新村377号
銀聯一村工作隊	隊長	劉夢華	浙　江	台中県大里郷銀聯一村29号
銀聯二村工作隊	隊長	馬芝蘭	—	台中県清水鎮西社里銀聯二村42号
銀聯三村工作隊	隊長	饒澤豊	湖北均県	台中市何厝銀聯三村２巷21号
影劇一村工作隊	隊長	張友仙	四　川	彰化市牛埔子影劇一村107号
影劇二村工作隊	隊長	李真彰	南　京	台中市西屯影劇二村174号
影劇三村工作隊	隊長	羅鳳儀	—	台南市四分子影劇三村97号
影劇四村工作隊	隊長	易　凱	湖南長沙	花蓮美崙影劇四村81号
社団新村工作隊	隊長	鄭美娟	湖南長沙	嘉義県大林社団新村60号
工協新村工作隊	隊長	馬雲瑞	広東河源	高雄県鳳山鎮工協新村217号
商協新村工作隊	隊長	周守儀	浙江泰順	高雄県大寮郷商協新村（B）２号
貿協新村工作隊	隊長	傅堅如	浙　江	高雄県鳳山鎮貿協新村11号
礦協新村工作隊	隊長	宋麗如	四川栄県	屏東市礦協新村107号
果協新村工作隊	隊長	沈興妹	浙　江	高雄県大寮郷果協新村74号
忠勇新村工作隊	隊長	李樹馨	河　北	台北県士林鎮忠勇新村137号
仁愛新村工作隊	隊長	羅本強	四　川	台北県板橋鎮仁愛新村24号
信義新村工作隊	隊長	楊麗瑛	遼北四平	台北県土城頂埔信義新村48号
力行新村工作隊	隊長	梁保琼	広　東	台北県板橋鎮浮洲里力行新村617号
成功新村工作隊	隊長	丁飛霞	江　蘇	桃園県楊梅埔心成功新村73号

（注）「中華婦女反共抗俄聯合会分会曁工作隊負責人通訊録」『中華婦女反共抗俄聯合会常務委員、委員、設計委員通訊録（附　国軍眷属住宅籌建委員会委員　分会曁工作隊負責人　本会職員　通訊録）』（1961年３月）から作成。

台北・桃園・新竹・台中・台南・花蓮・嘉義・高雄・屛東《へいとう》など、台湾全島に軍人家族村が建設されていて、二四村が存在したことがわかる。六一年と言えば、全島で建設に着手された軍人家族村が、全戸完成して半年後にあたる。

佩芳の家族が台南の影劇《えいげき》三村に引っ越したのは、軍人家族村第一期工事が終了してまもなくのことだった。六五年には、影劇三村の隣に軍人家族村精中二村が建設されたので、佩芳の家族はそちらに引っ越した。

「子供が多いので、大きな部屋がある新しい住居に移った。」と彼女は言う。精中二村は、工兵隊の宿舎が新たに建設された時に、これに隣接して設けられた家族村だった。ここで七九年まで暮らしたのち、彼女の家族は桃園県の中壢居易《きょえき》新村に転居したという。

表1にみえる「中華婦女反共抗俄聯合会」の影劇三村工作隊長「羅鳳儀《らほうぎ》」について、曹佩芳は「覚えていない。私は子供が多かったから、その活動に参加する暇はなかった。」とのことである。大陸から移り住んだ時の台湾の印象については、「大陸より生活はずっと良かった。あの頃は今と違って、中国の社会も人の暮らしも貧しくて遅れていた。」と言う。

成人した上の娘三人は、日本人と結婚して東京で暮らしている。四女も日本の大学に留学することになり、大学の日本語学校で学んでいたが、父に呼び戻されたという（二〇一二年一一月、二〇一四年八月談）。

第三章　陸軍士官学校の留学生隊

昭和一九年の留学

エミの夫孫海峰は、一九二二年一二月生まれだから、一八年五月生まれの彼女より六つ年上だった。二〇〇一年一一月に、海峰は満七九歳の誕生日を迎える一か月前に他界している。私がエミに初めて会ったのは、それから九年近く経っていた。

夫の遺品の中から、士官学校時代の海峰の写真を三枚持ってきたエミは、「うちの主人、座間の日本陸軍士官学校五八期生なの。」と告げた。大いに関心が湧いたものの、彼女の夫が北京の裕福な家庭の息子であり、その弟景峰も「五八期生」だったらしいということ以外は何も知ることができなかった。故人となった海峰からは、もはや話を聞くことはできない。夫が日本の士官学校に留学した頃のことは、エミにはほとんどわからなかった。海峰が書き残した当時の記録も無いとのことであった。

それから二、三年経った二〇一一年の夏に、新著『看護婦たちの南方戦線——帝国の落日を背

『看護婦たちの南方戦線』を読む
孫傅秀松、台北、2011年８月
（著者撮影）

負って』（東方出版）を出版した私は、台北にエミを訪ねて、これを一冊彼女に贈呈することにした。その後まもない時期のこと、台湾調査のたびに会って、親しくなっていたエミから、「こんな手紙があるよ。」と、海峰と座間で同期だったという日本人からの手紙を示された。士官学校卒業の日本人は、留学生隊についてほとんど詳しいことを知らなかった。だが、その手紙に記された五八期生の一人と連絡がとれたことがきっかけとなり、孫海峰とともに、中国から座間の士官学校に留学した王威厘《おういりん》に会うことができた。王威厘所蔵の資料と、彼からの聞き取り調査によって、留学の経緯や、留学時の様子、そしてその後のことなど、詳しい内容が初めて明らかになった。

一九四四年（昭和一九）四月、「中華民国南京政府」から派遣された留学生六〇人が、座間の陸軍士官学校に入学した。「中華民国南京政府」とは、一九三八年（昭和一三）一二月に重慶を脱出した汪兆銘《おうちょうめい》によって四〇年三月に樹立され、同年一一月に彼が主席となった新国民政府（汪政権）のことである。『自昭和十九年至同二十年　陸軍士官学校歴史　第十八巻』には、「昭和十九年」のところに、「四月十七日　中華民国将校候補生牟《む》胎如《たいじょ》外二十九名入校ス。依ツテ留学生隊に編入シ、第三十二期中華民国生徒ト呼称ス。」「四月十八日　中華民国将校候補生安倫《あんりん》外二十六名入校ス。依ツテ留学生隊に編入シ、第三十二期中華民国生徒ト呼称ス。」と記されている。

王威厘の記録では、同年四月に士官学校に入校した留学生について、『中華民国三二期（本部五八期）留学生名簿　長友隊』として、第一区隊三〇人、第二区隊三〇人、合計六〇人の氏名が記されていて、それぞれの出身地を「南支・北支・中支・蒙古」の表記で示している。なお、王の記録は、「牟胎如」の「胎《たい》」を「貽《い》」と記している。

ちなみに、防衛省防衛研究所図書館所蔵の『陸軍士官学校中華民国留学生名簿　厚生省引揚援護局』には、一九〇〇年（明治三三）の第一期四〇人から一九三四年（昭和九）の第二七期二五人まで、一五〇三人の氏名が記され、巻末に四六人の氏名を記した「第三十一期中華民国将校候補生編成表（昭和十七年九月一日）」が収められている。これによって、第一期から第二七期までの留学生の氏名と第三一期の氏名がわかるものの、孫海峰たちが入校した第三二期の氏名はわからない。それだけに、王威厘の記録は貴重である。

前掲の『陸軍士官学校歴史　第十八巻』には、「昭和十九年四月二十日」「天皇陛下御臨幸ノ下ニ第五十七期生徒第十一期満州国生徒並第三十一期中華民国生徒ノ卒業式ヲ挙行ス」とあり、「同日　第三十一期中華民国生徒厳永福《げんえいふく》外四十九名卒業離校ヲ命ズ」と記されている。厳永福は、卒業に際して、成績優等により表彰された「中華民国主席賞授与者」三人のうちの一人であり、

「河北什唐《じゅうとう》」の出身だった。厳永福らが卒業した翌々日、四月二二日に「第三十二期中華民国生徒牟貽如《むいじょ》外五十九名、軍曹ノ階級ヲ与フ」とあり、五月一日に「第五十八期生徒、第十二期満州国生徒、第三十二期中華民国生徒、泰《タイ》国生徒ノ入校式」が挙行された。

王威厘の記録と記憶

表2は、王威厘の記録をもとに作成した「陸軍士官学校第三十二期中華民国留学生」の氏名と出身地を示したものである。一九四四年四月入校の六〇人は、当初は一年六か月の留学予定で来日したが、四か月短縮になって四五年六月一七日に卒業し帰国した。『陸軍士官学校歴史』は、同年「六月十七日」「卒業ヲ命ズ」「第三十二期中華民国生徒　都喝爾札布　外五十八名」「卒業離校ヲ命ズ」と記している。なお、「都喝爾札布」の表記は、王威厘の記録の「都喝魯扎布《トコロチャップ》」が正しいのではないかと思われる。

王威厘の記憶によると、「南支」から留学した莫慶仁《ばくけいじん》が留学途中で帰国したので、卒業生は五九人になったという。莫慶仁は、華南の裕福な商家の息子だった。「南支」からの留学生は、王威厘・黄俊《こうしゅん》・莫慶仁の三人だった。三人は、広東の天河飛行場から飛行機で台北に向かい、台北の日本旅館に一泊して、船で上海に向かった。上海から南京に入って陸軍部に挨拶し、二、三泊してから天津、山海関、満州を経て朝鮮半島を南下し釜山へ、釜山から下関へ、下関で汽車に乗り、途中神戸で一泊してから東京に向かったという。なお、広東には天河飛行場と白雲飛行場

表2　陸軍士官学校第32期中華民国留学生（1944年）

第1区隊				第2区隊			
氏名	出身地	氏名	出身地	氏名	出身地	氏名	出身地
丁文博	中支	那延復	北支	楊守蒹	北支	王宇拯	中支
牟貽如	北支	胡景炎	中支	王国禎	北支	王君昭	中支
孫景峰	北支	文仲篪	中支	張珙中	中支	高振宇	北支
許斌	中支	鄭彦	北支	崔開成	北支	許揺	北支
巴圖努齊爾《バトノチル》	蒙古	恩克莽拉《オンコモンライ》	蒙古	都喝魯扎布《トコロチャップ》	蒙古	耶喜札拉申《ヤキジャラシン》	蒙古
呉鴻滔	北支	趙春輝	北支	莫慶仁	南支	何応天	中支
陳家梓	北支	揚春和	北支	曲裕鈞	中支	彭爾興	中支
胡維国	中支	王子良	中支	蔣靄温	北支	袁玉才	北支
黄俊	南支	張林	北支	荘萬義	北支	安侖	中支
宝音都固爾《ボインドコロ》	蒙古	佟青雲《トウセイウン》	蒙古	阿特根《アトコン》	蒙古	陳峯《チンホー》	蒙古
田満臣	中支	戴啓明	北支	鄭秀亭	北支	程耀毓	中支
夏文順	中支	劉純良	北支	葉日昌	中支	王子善	中支
高治祥	中支	王威厘	南支	鄭宝山	中支	劉守荘	北支
班征夫	中支	趙威	中支	江楓	中支	賈益謙	中支
圖們烏魯吉《トモンウルチ》	蒙古	常紹曽	中支	納慶格《ナチンカ》	蒙古	孫海峰	北支

（注）王威厘の記録から作成。

があり、「天河は民間機、白雲は軍用機が使っていた。」と威厘は言う。

威厘と仲が良かった黄俊は、神戸の華僑の息子だった。黄俊の一家は、日中戦争が始まってしばらくしてから広東へ移住していた。日本育ちだった黄俊は、日本語がとても上手だった。威厘は、広東軍官学校で三か月の訓練を受けた時、日本人の小学校教員から日本語を習っただけだったので、士官学校入校当初は、授業で何を言っているのかさっぱりわからなかった。授業中に、「教官は今何を言っているのか。」と、黄俊に尋ねてばかりいたという。慣れるのに三か月余りかかった。

留学生は、第一区隊と第二区隊に

分かれていた。学科の授業は区隊ごとに行われ、演習は両区隊合同で実施された。内蒙古出身の留学生だけが騎兵、他は歩兵だった。留学生の宿舎は、道路を隔てて北側にあり、北校舎と呼んでいた。道路の南側の門を入ると正面に学校本部があり、向かって右に「相武臺」の碑が建っていた。中華民国留学生の帽章は、一二の光線をかたどった青と白、蒙古の留学生は五角の星で、五色の満州国留学生の帽章とよく似ていた。

図1は、王威厘の記憶をもとに作成した陸軍士官学校の校内図である。北が下になっているのは、最寄り駅から北に向かって、下り坂の道路が士官学校へと続いていた記憶によるものである。最寄り駅は、現在の小田急線相武台前駅である。同駅前のバスターミナルを抜けて北を向くと、広い自動車道の片側に歩道が付いた道路が延びている。威厘たちが入校した当時は、今とは違ってさほど道幅のない地道の下り坂が続いていた。士官学校校舎跡は、今は「JGSDF Camp Zama　座間駐屯地」になっていて、米軍と自衛隊が使っている。「相武臺」の碑は、その入り口を入って右手に建っている。

エミの夫孫海峰は第二区隊、その弟景峰は威厘と同じ第一区隊だった。海峰・景峰兄弟について、「確か北京の出身だったと思う。生家はかなり豊かな商家でしたよ。」と威厘は言う。エミが夫の遺品の中から探し出した集合写真を威厘に示すと、彼は即座に、「これは第二区隊ではありません。第一区隊です。これが私です。孫海峰は写っていません。」と言う。

エミについての話をしばらく聞いていた威厘は、「これは、第一区隊長だった大浦良三宅を訪

図1　陸軍士官学校校内（座間、1944年）

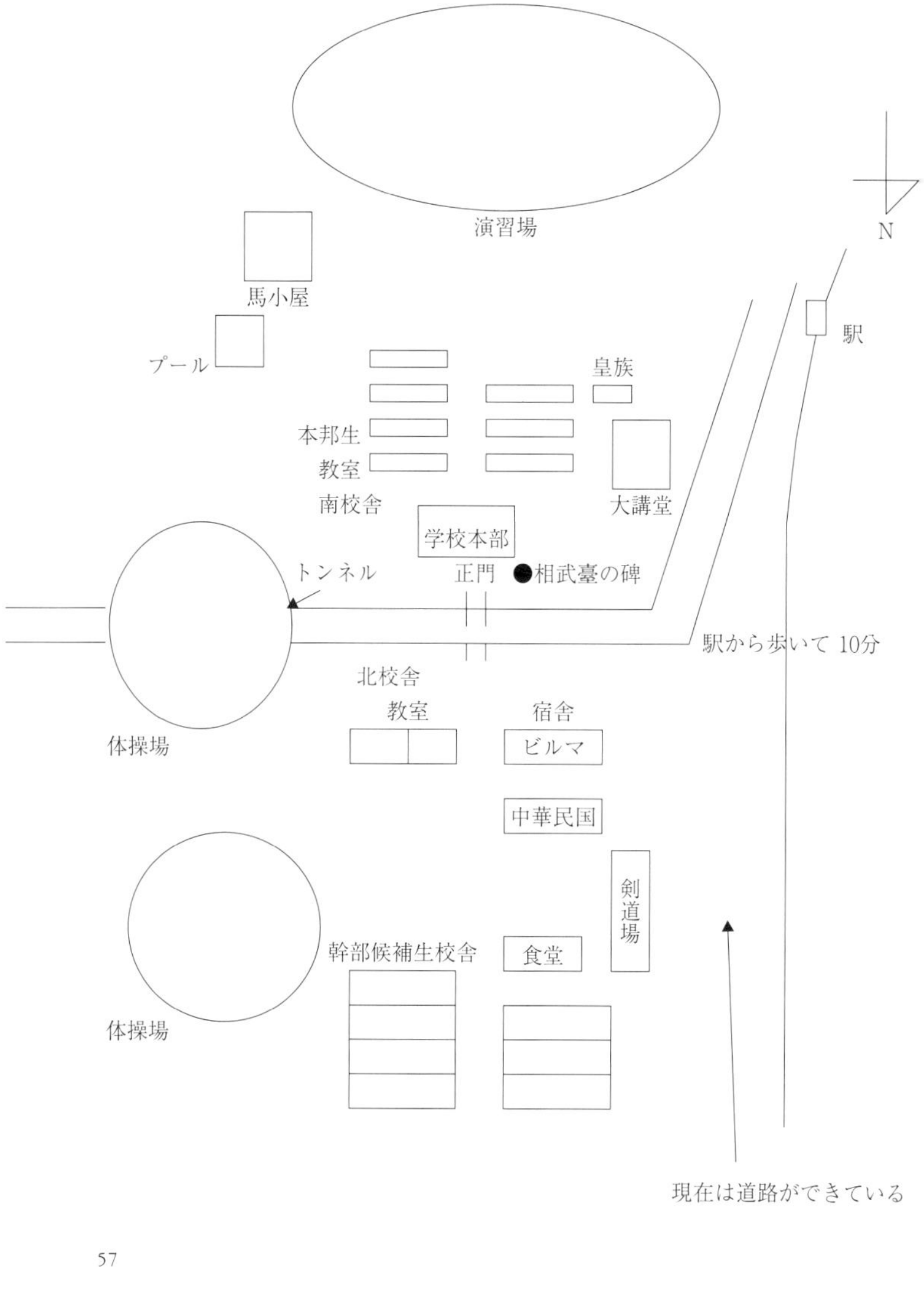

大浦良三を訪ねて、左から王威厘、孫傅秀松、
大浦良三、孫海峰、1980年代末

陸軍士官学校第32期中華民国生徒、座間、1945年

ねたときの写真です。」と言って、一枚のカラー写真を紙袋から出した。それを見た私は、エミが写っているのに驚いた。自宅の前に立った大浦良三の右に孫海峰、左にエミ、左端に威厘が写っている。後に、その写真をエミに示すと、「住所は覚えていないけれど、確か東京都内だったと思う。王威厘といっしょに、車で大浦良三宅を訪ねたの。蔣介石の長子で総統になった蔣経国が死んだあとだったから、一九八〇年代末だと思う。」とのことだった。

一九四五年三月に、雪景色の中で撮影された集合写真には、第一・第二両区隊全員が写っている。左が第一区隊、右が第二区隊。前列右から四人目が第一区隊長大浦良三、続いて左へ中隊長野村勝美、古井貞方大尉、寄木正敏中尉と順に並んでいる。

士官学校入校時に、校内で撮った威厘の写真は、外出時の正装姿である。軍服は、演習用など三着が支給された。一か月の給与は一九円余りで、ほかに大使館から最初は五〇円、しばらくして一〇〇円が毎月支給された。東京には母がいたので、休みには会いに行き、神田で本を買ったりしたという。

入校して三か月経った七月に、留学生隊長以下、中隊長・区隊長・部隊付下士官引率の下に、片瀬海岸で数日間の水泳訓練が実施された。この時に、牛島満中将を真ん中にして、水練姿で撮影された留学生たちの記念写真を、威厘は大切に保管している。翌年の沖縄戦で自決した牛島満中将は、この時は士官学校の校長だった。水泳の演習で合宿した場所は、海岸に近い龍口寺だったようである。

陸軍士官学校中華民国
生徒の正装姿の王威厘、
1944年

水練時の中華民国生徒と陸軍士官学校長牛島満中将（３列目の
右から10人目）、片瀬海岸、1944年

士官学校日誌から

『陸軍士官学校歴史』には、入校式後の第三二期中華民国留学生の教育日誌が次のように記されている。

昭和十九年
五月二十四日　陸軍士官学校第三十二期中華民国生徒、第二期「ビルマ」国、「タイ」国生徒教則ヲ別冊ノ通定ム。
七月八日ヨリ同十一日迄
　教授部教官酒井少佐統裁ノ下ニ、第三十二期中華民国生徒及第二期「ビルマ」国生徒測図演習ヲ校内及秦野大根付近ニ於テ実施ス。
七月十四日　留学生隊長陸軍大佐渡邊多粮、近衛歩兵第一聯隊長ニ補セラレ、教授部教官陸軍中佐野崎純則、留学生隊長ニ補セラレタリ。
七月十七日　十二時五十分ヨリ、留学生隊長野崎中佐ニ対スル命課布達式ヲ挙行ス。
七月二十二日ヨリ同二十九日迄
　八日間留学生隊長野崎中佐統裁ノ下ニ、第三十二期中華民国生徒、第一、第二期「ビルマ」国生徒遊泳演習ヲ片瀬海岸ニ於テ実施ス。
七月三十日　中華民国軍務司長黄中将一行、別紙計画ニ依リ、見学ノ為来校ス。
八月一日ヨリ同八日迄

第一期第二期「ビルマ」国生徒、第三十二期中華民国生徒、内地見学旅行ヲ左ノ通実施ス。
中華民国生徒
隊長　野村少佐
経路　士校―会津若松―松島―大洗―鹿島香取―士校

八月八日
校長陸軍中将牛島満、第三十二軍司令官ニ親補セラレ、陸軍野戦砲兵学校陸軍中将山室宗武、陸軍士官学校長ニ補セラレタリ。

十一月五日ヨリ同十九日迄
第三十二期中華民国生徒並第二期「ビルマ」国生徒、第一次野営演習ヲ左記ニヨリ実施ス。
相模原及一ノ宮　歩兵、騎兵隊
北富士　砲兵隊

昭和二十年
一月一日ヨリ同七日迄
第三十二期中華民国生徒及第二期「ビルマ」国生徒、内地見学演習ヲ左記ニヨリ実施ス。
演習隊長　野崎中佐

三月

経路　士校―名古屋―宇治山田―伊勢―橿原―大阪―神戸―京都―士校

留学生隊ハ第三十二期中華民国生徒、及第一、第二期「ビルマ」国生徒ノ第二次、第三次野営演習ヲ左記ニヨリ実施ス。

歩騎兵隊

隊長　野崎中佐

自三月三十一日至四月十三日　西富士演習場

砲兵隊

隊長　勝沼中佐

自三月二十七日至四月十三日　西、北富士演習場

四月

第五十八期生徒、第十二期満州国生徒、第三十二期中華民国生徒、第二期「ビルマ」国生徒、第二次現地戦術演習並ニ第一期「ビルマ」国生徒、第三次現地戦術演習ヲ左記ノ通実施ス

演習期間

第三十二期中華民国生徒　自四月十六日至四月二十三日　八日間

演習実施地方及部隊

高崎付近　留学生隊第一　第二中隊

五月十二日ヨリ五月十九日迄

第三十二期中華民国生徒、第二期「ビルマ」国生徒、第三次現地戦術演習ヲ甲府地方ニ於テ実施ス

五月二十五日　第三十二期中華民国生徒、第二期「ビルマ」国生徒、第三次野営演習ヲ左記ニ依リ実施ス

期間　自五月二十七日至六月五日間

演習地　歩兵西富士　騎兵下志津　砲兵下志津、陸軍野戦砲兵学校

五月二十九日　留学生隊長陸軍中佐野崎純則、教育総監部付ニ補セラレ、後任トシテ陸軍士官学校付陸軍中佐酒井彌、留学生隊長ニ補セラレタリ。

六月十一日　十三時ヨリ校庭ニ於テ留学生隊長酒井中佐ニ対スル命課布達式ヲ挙行ス。

六月十七日　侍従武官（陸軍少将小池龍二）御差遣ノ下ニ、第五十八期生徒並第十二期満州国生徒、第三十二期中華民国生徒、第二期「ビルマ」国生徒ノ卒業式ヲ別紙次第書ニ基キ挙行ス

右の卒業式挙行の記述に続いて、卒業成績優等者の氏名が列記され、第五十八期生徒中の一一人に「恩賜賞品」、留学生中の五人には「陸軍大臣ヨリ賞品」が授与された。第三十二期中華民国将校候補生の受賞者は、「都喝爾札布」と記されている。

ちなみに、孫海峰の妻エミは、「もともと夫は砲兵の教官だった。」と言い、保安警察隊では「砲兵隊長」だったとも述べている。王威厘は、留学生の兵科は「歩兵」と「騎兵」だったと語

る。ただ、右の『陸軍士官学校歴史』の記載、すなわち「昭和二十年」「五月二十五日」「野営演習」の記録には、「砲兵下志津、陸軍野戦砲兵学校」と記されている。エミの夫孫海峰の留学当初の兵科は「歩兵」だったとしても、「砲兵」の訓練を受けたのではなかろうか。

帰国と終戦

卒業式の二日後、六月一九日に留学生たちは帰国の途についた。日本の敗戦まで、残す日数はわずか五七日だった。

中隊長・区隊長・下士官が、帰国する五九人の留学生を引率した。威厘は、第二区隊長寄木正敏中尉の指揮下で行動した。相模線で乗車した後、列車で高崎を経て新潟へ、ここで一泊して翌日夜に乗船し、朝鮮半島の羅津で下船後、汽車で新京（長春）へ向かった。新京で乗り換えた後は、北平（北京）まで直行だった。北平では、一週間ほど滞在した。この間に、「蒙古」及び「北支」からの留学生と別れた。

陸軍士官学校演習中の孫海峰、1945年

北平を出発して南京に着いたのは七月七

日だった。翌日、南京政府の国防部に赴いて帰国の報告をした。「中支」からの留学生たちは辞令を受け取り、それぞれの部隊に配属された。「南支」からの留学生だった黄俊と威厘には、別の指示があったようである。黄俊は日本軍司令部へ行って、終戦前に日本に戻った。威厘は指令を待っていたが、そのうちに、終戦となったようである。

終戦後、しばらく南京で父の友人宅の世話になり、一二月になってから広東に帰った。翌年初めに、彼は母と祖母がいる東京に戻ることにした。目黒に住んでいた母と祖母は、空襲下の東京を離れて、埼玉に疎開していた。広東に帰って半年後、威厘は上海に行き、引き揚げ船で日本に戻った。陸軍士官学校を卒業して一年が経っていた。

東京に戻った威厘は、台湾人が経営する貿易会社に勤めた。初めは主に静岡のお茶を台湾に輸出する会社だったが、そのうち即席ラーメンの特許権を得て経営が大いに伸展したという。

戦後の長い時間的経過の中で、かつて中国から陸軍士官学校に留学した同期生の消息を威厘はずっと調べていた。留学途中で帰国した莫慶仁は、中華民国国民政府軍に入り、蘇州の城門警備中に共産党軍との交戦で戦死した。内蒙古出身だった圖們烏魯吉《トモンウルチ》も、やはり内戦で戦死した。威厘たちが入校した時に、「卒業離校」を命じられた一期上の第三一期中華民国留学生だった陳漢武は、帰国後日本軍の指示を受けて漢兵団の軍人として終戦まで食糧調達に従事していたという。ずっと後に日本に来た陳漢武から聞いた話だと、威厘は言う。

ちなみに、広東に「将校訓練団」ができたのは、第三〇期中華民国留学生派遣の時からだと、威厘は語る。この「将校訓練団」とは、おそらく「広東軍官学校」のことと思われる。広東の中山記念堂の近くのグラウンドが演習場になっていたという（図2）。威厘もここで留学前の訓練を受けた。現在は同地にスタンドのある整備されたグラウンドがある。グラウンドを見下ろす丘の上に中山記念塔が今も建っている。当時は記念塔の中ほどに、一二の光線をかたどった白日模様がはめ込まれていたが、今はない。共産革命後に剥《は》ぎ取られたのであろう。

別離と再会

王威厘は、一九二六年（大正一五）八月一〇日に東京の蒲田で生まれた。父は王英儒《おうえいじゅ》といい、中国広東から慶応義塾大学に留学していた。留学中に、孫文とも縁のある中山という女性の紹介で、長崎の商家の娘池田政子と結婚し、二人の息子をもうけた。威厘は、戦後になってから、母といっしょにこの女性を訪ねたことがあったという。

図2　中山記念堂とグラウンド（広州市）

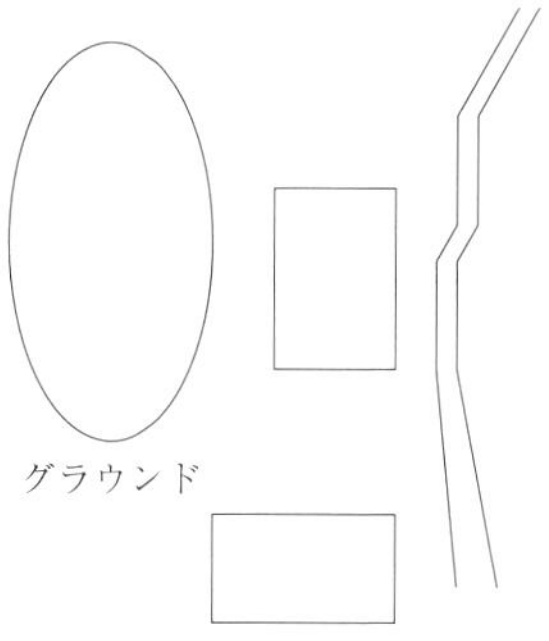

一九二八年（昭和三）に慶応大学経済学部を卒業した王英儒は、帰国して広東で職に就き、妻子を呼び寄せた。母の政子は、長崎の実家で威厘の弟を出産し、しばらくは実家に身を寄せた後に夫のもとへ向かった。

母の実家は、洋傘を扱う大きな商家で、銅羅町には映

王威厘の母池田政子、前列左から２人目、長崎、大正期

画館を持っていた。母の里に滞在した幼い頃の思い出が、威厘の記憶に残っている。母の実家から坂を上ったところに商業学校があった。母の商業学校に通っていた叔父に、アイスクリームを買ってもらったこと、負ぶってもらって坂道を上っていく情景などがほのかに浮かんでくるという。広東への旅は、早稲田大学を卒業して帰国の途についた英儒の三番目の弟に伴われた。父は広州市政府の財政庁に勤めていたという。

「住んでいた家は、広州市の城内にあった。近くに六榕寺・光孝寺・方面医院があった。」と威厘は言う。図3は、威厘の記憶に残る小学校時代の自宅周辺図である。方面医院と知用中学校は、のちに日本軍に接収され、広東第二陸軍病院として使われた。前年に、私は「広東二陸」の研究で同地を訪ねて実地調査をしていたので、威厘が話しながら描く図を見て、六榕寺の前の路地や知用中学校の前から方面医院に至る道とその風景を思い浮かべることができた。

威厘の父と叔父は、知用中学校を卒業した。台湾から派遣されたエミたちが、看護助手として勤務したのは広東第二陸軍病院だった。戦争末期にそこで軍務に就いたエミと、近くで育ったという威厘の二人が、長い歴史の時間と空間を隔てて、一九八〇年代末に東京で撮られた同じ写真に納まっているのは、さまざまな時代の縁が重なったとはいえ、やはり不思議なことと思わざるをえない（五八頁の写真）。

威厘は広東で通った小学校について、「培正です。培正中学校の前に培正小学校がありました。ここで四年生を終えた。」と言う。培正中学校は、一九四〇年（昭和一五）に日本軍に接収されて広東第一陸軍病院として使われた。市街を離れた東山の小学校には、六榕寺の近くにあったという自宅からは通えない。威厘が小学校に通った時期には、英儒と政子、そして子供たちは、東山の培正小学校近くの住居で暮らしたのだった。

図３　六榕寺周辺（広州市）

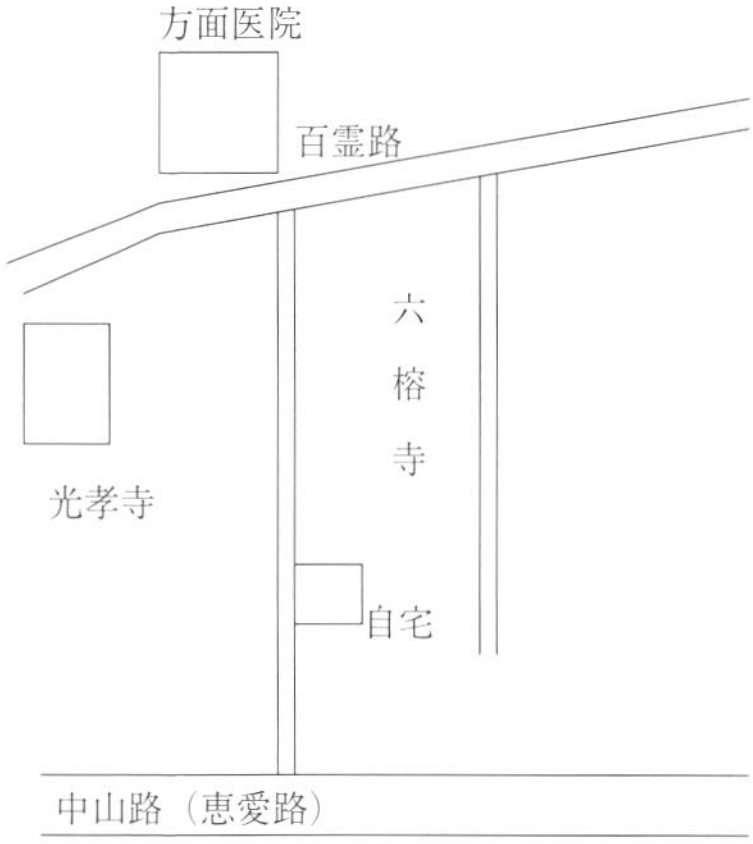

そして、「事変（日中戦争）が始まって、父が市政府を辞めたので、故郷の雷州半島に帰ることになった。」とも威厘は語る。父英儒の生家である王

家の一族は、千年前に福建から雷州半島に移住し、今日まで続いていると聞かされたとも言う。
父の生家は、雷州半島の逐渓《ちくけい》県黄略《こうりゃく》鎮堪江《たんこう》にあった。ここに数か月暮らしたあと、母政子は威厘だけを残して、彼の弟二人と妹をつれて日本に帰った。政子は広東にいた英儒のもとに移り住んでから、三男と長女を出産していた。

「母は香港経由で日本に帰った。東京には祖母と、日本女子大を出て小学校の教員をしていた叔母（母の妹）がいた。三番目の弟は、母が東京に帰ってから生まれた。」と威厘は語る。「母が東京に帰ったのは、昭和一三年でした。夏だったかな。いや春だったと思う。」とも言う。

威厘は小学校卒業後、深圳《しんせん》に近い粉嶺《ふんれい》の中学校に入り、次いで香港島の西にあった培英中学校に転校した。父英儒は、汪兆銘の南京政府ができた時に、広東省民政庁長に登用された。民政庁は教育や建設などを担当していた。父が民政庁長になったのと時を同じくして、威厘は香港から広東に戻り広東大附属の高中に入った。三年を終えて高中を卒業したのが一九四三年七月初めだった。高中卒業後まもなく広東軍官学校を経て、相武台の陸軍士官学校に留学したのである。

終戦後、父英儒は蔣介石の中華民国重慶政府軍に捕えられ、「漢奸」として裁判にかけられた。死刑判決を受けたあと、無期に減刑されて収監されていた。収監中に国共内戦が激しくなった。共産党軍の攻撃が迫る中で監獄の疎開が始まり、その移動途中に香港に逃れたという。王英儒が香港から、東京の家族のもとにたどり着いたのは一九五二年だった。威厘は、「一九四五年にばらばらになった私の家族は、五二年になって再び東京に集まることができた。」と語る。

慶応義塾大学昭和三年全学部三田会、塾監局の玄関前、1953年

慶応大の「昭和三年会」

王威厘からの二度目の取材の時だった。新宿御苑の木漏れ日の下で、年月を感じさせる一枚の集合写真を彼は手提げ袋から取り出した。

「父が大切にしていた写真です。慶応の同窓会に出た時のものだと聞いています。」と、威厘は言う。「何年に開かれた同窓会でしょうか。場所は何処でしょうか。」と尋ねる私に、「何年のことなのか、私にはわかりませんが、たぶん昭和三十年前後だと思う。場所は慶応大でしょう。」とのことだった。

それから二年近く経った二〇一四年六月に、王英儒と同窓会の写真について調べるために、慶応義塾福澤研究センターを訪ねた。来訪の趣旨を告げて写真を示すと、「これは、すぐそこの建物の正面です。」と言う。同研究センターの都倉武之准教授が、私の来訪時刻に合わせて予め必要資料を整えていて、懇切な教示を受けることができた。

王英儒の遺品の中にあった集合写真には、左端に「昭和三年会々場」と記した立て看板が写っている。「父が慶応大を卒業したのは昭和三年」という威厘の話と、写真の同窓会が「昭和三年会」であることが一致し、王英儒の留学と卒業年に間違いはなさそうだったが、私は大学の記録によって卒業生であることを確認したかった。

同センター所蔵の『慶應義塾塾員名簿』(「昭和三年十月印刷」「慶応義塾塾監局」)には、「支那広東省遂渓　王英儒（昭和三）　経済　支那」と記されている。「広東省遂渓」は住所、「支那」は出身地、「経済」は学部である。「昭和十一年十二月印刷」の『塾員名簿』には、「王英儒　中華民国　経済　昭3　広州市芳村分局長　中華民国広東省広州市東山培正二培路四（電七〇一八八）」と記されている。慶応大卒業後、広州市政府に勤めた王英儒は、日中戦争が始まる前年に同市芳村分局長だったこととともに、住所が息子威厘の小学校に近い「東山培正」だったことがわかる。そして、「昭和十七年十二月印刷」の『塾員名簿』には、「王英儒　中華民国　経済　昭3　中華民国広東省政府民政庁長　広東市、広東省政府民政庁内」と記されている。

汪兆銘の中華民国南京政府成立後に、「父は広東省政府の民政庁長になった。」という威厘の回想は、福澤研究センター所蔵の「昭和十七年」の『塾員名簿』の記載によって裏付けることができた。住所は民政庁内の庁長官舎だったことがわかる。香港の初級中学を卒業して広東に戻った威厘は、この時高中の二年生だった。

ところで、威厘が所蔵していた父英儒の「昭和三年会」の写真は、いつ撮影されたものなのだろう。写真を手にした福澤研究センターの都倉准教授は、ほんのしばらく目を凝らした後、「前列の中央は潮田江次塾長です。その右は北島多一、医学部長だった人。その右は小泉信三、さらにその右は間崎萬里《まさと》、東洋史学者。その右は水沢邦男、昭和四〇年代に塾長になった人です。」と、前列に写っている人たちの氏名を次々とあげて、即座にその経歴も付け加えた。

「潮田江次塾長の塾長在職期間は昭和二二年一月八日から三一年六月二五日ですから、その在職期間中であることは間違いありません。」との説明のあと、しばらくして示されたのが『三田評論』五六一号（一九五四年四月）だった。開いてみると、王威厘所蔵の「昭和三年会」の写真とまったく同じ写真が載っていた。私は思わず、「あっ」と声を出してしまった。その口絵のキャプションは、「昭和三年全学部三田会記念撮影（塾監局玄関前）」と記している。そして、同誌の一四頁には、「昭和三年全学部三田会―卒業二五周年記念―」の記事が掲載されていて、次のように記されている。

昭和廿八年十一月廿九日（日）三田の学生ホールにて経済、法学、文学、医学の各学部卒業生を網羅した昭和三年全学部三田会が開催された。

この各学部連合の三田会が開催されたのは、昭和廿八年三月の卒業式に際し、塾当局が卒業後二十五年目と五十年目に当る卒業生を招待することになり、その第一回の招待にたまたま我々昭和三年の卒業生が該当したからであった。この塾当局の新しい計画は、独り義塾の歴史の上ばかりではなく、恐らく我が国各大学の歴史の上においても画期的な試みであらう。

今後毎年これは続行される筈とのことであるから、追々各年度卒業生にも招待状が発せられることと思ふ。
我々昭和三年度卒業生は、この塾当局の御好意に対して、全学部の三田会を催し、諸先生に御出席をお願いすることにした。

右の文からわかるように、「昭和三年会」とは、慶應義塾大学の「昭和三年度卒業生」を母校に招待して開催された「昭和三年全学部三田会」のことであった。同会は一九五三年（昭和二八）一一月二九日に「三田の学生ホール」で開かれ、ここに威厘の父英儒が出席したのだった。

写真前列中央の潮田江次塾長から右に二人目の小泉信三は、経済学者・社会思想家であり、戦後日本の思想家として知られている。また、一九四九年から東宮御教育常時参与を務め、皇太子明仁（現在の天皇）と美智子妃の成婚など、戦後の皇室のあり方にも関わったことでも知られている。なお、威厘所蔵写真の前列左端から二人目は、中学生から高校生にかけての皇太子明仁にテニスを指導した石井小一郎（一九二八年慶応大卒業生）である（山内慶太・神吉創太・都倉武之編『アルバム　小泉信三』慶應義塾出版会、二〇〇九年）。

第四章　国防部、旅行社、「偕行社」

「戦友」とともに

軍人家族村の仕事に忙しかったエミは、一九六一年七月に国防部人事行政局職員となり、六四年六月末まで三年間勤めている。子育てと軍人家族村の仕事、そして国防部での勤務、その上この間にプロパンガス店の経営にもかかわったというのだから、どこからそんなにエネルギーが生まれてくるのかと思う。国防部人事行政局では、暗号の解読をやっていたのだと、彼女は少し声を潜めた。

「社会で働くことは、孫《そん》さんのプロポーズを受けた時からの、彼との約束だから。」と、彼女は言う。

一九七二年に、エミは広東第二陸軍病院の庶務課にいた「戦友」の柯《か》和枝の誘いを受けて、美亜旅運社有限公司の業務代表になった。彼女の手記には翌七三年のところに、柯和枝が目黒駅の近くのマンションに住み、ここを拠点に日本・台湾間の旅行業務を開始したと記されている。

業務代表といっても、エミの実際の仕事は、旅行の手配からガイドまで何でもこなしたようである。日本各地の観光地と台湾の都市、および香港間を行き来した記録が残されている。八〇年代に入ると、「台北から日本経由でロサンゼルスへ」などの記述がみえる。

エミの古いノートの七〇年代を記録した頁には、「圓桌餐廳《えんたくさんちょう》」（台北市中山）の経理だったことを示す名刺が貼られていたり、鋳物工業会社の経営にかかわった記述などが見られることから、彼女が複数の事業に携わっていたことがわかる。

「お前社長になれと夫が言ったけれど、私はそんな地位はいらなかったし、金もうけをするつもりもなかった。元気に身体を動かし、いろんな人と明朗な交流ができて喜んでもらえるような仕事をしたかっただけ。」と、彼女は話す。

八〇年代になると、エミのアルバムには、女性数人と日本の各地を旅した写真が増えてくる。雲仙・お糸地獄を背景に、戴芙蓉《たいふよう》と撮った写真は八二年一〇月のもの。東京ディズニーランドにおける四人の写真は、八三年七月のものである。いずれも台湾総督府から篤志看護助手として派遣され、広東第二陸軍病院で勤務した同期生である。

八七年一〇月の写真は、広東第二陸軍病院内務四班の元班長黒田を日本に訪ねた時のもの。台湾人看護助手の二期生だった女性と、三期生のエミともう一人が黒田といっしょに写っている。この時期になると、台湾の国内環境の変化や、子育てを終えた彼女たちのゆとりなどが、日本への頻繁な旅行を可能にしたのであろう。

雲仙お糸地獄で、左孫傅秀松、1982年10月

東京ディズニーランドで、1983年７月

津和野への旅、孫傅秀松、1989年７月

戦中に労苦をともにした台湾人篤志看護助手たちのつながりも、彼女たちと日本人看護婦たちとのつながりも、体験した者だけに共有される深さや厚さをもっていた。彼女たちの心は、戦後何十年もの歳月を超えて結ばれていた。

再会、友情

一九八九年七月二六日の日付が入ったエミの写真は、広東第二陸軍病院でともに勤務した村上千代子と二人だけで旅をした時に、津和野で撮ってもらったもの。この写真の裏に、エミは「同行二人旅」「橋動く、時間回転」と記している。この時二人は、山陰を旅して山口県の村上千代子の故郷に向かったのであった。

村上千代子は、「広東二陸」の陸軍看護婦だった。戦地において、彼女たちが過酷な体験をともにした四四年前から、まさに時間が回転した思いだったにちがいない。二人は、今も仲の良い友である。

私が千葉県内の村上千代子の自宅を訪ねたのは、氷雨が降る年の暮れだった。道に迷いながらようやくたどり着くと、エミが少し前に来て二階で休んでいるという。

台北で前月エミに会った時、村上千代子宅を訪ねる約束をしたと告げると、「旅券が取れれば、私も同じ日に行こうかな。」と言う。「暮れの日本は寒いから、無理しない方がよい。」と気遣ったが、いつものように「だいじょうぶよ。」と言って笑っていた。村上宅にたどりつくなり、エミが「もう着いている。」と聞いて、今さらながらその行動力に驚いた。

暖かい部屋で、村上千代子の話を一渡り聞いた頃、休んでいたエミが二階から降りてきた。夕食をご馳走になりながら三人で歓談していると、「泊まっていきなさい。」と言う。好意だけをいただいて辞去することにした。

村上千代子は、一九二四年（大正一三）一月に、津和野に近い山口県阿武郡嘉年村（のち阿東町、現・山口市）に生まれた。嘉年尋常高等小学校尋常科卒業後、大峰高等小学校を卒業し、大峰青年学校に学んだあと、宇部の日産化学の看護婦養成所に入った。

看護婦免許取得後久留米陸軍病院に勤務し、一九四四年四月に広東第二陸軍病院に派遣された。終戦後、台湾人篤志看護助手たちは花地の集中営に移され、日本人看護婦たちは大崗《だいこう》の捕虜収容所に移動した。村上千代子は、リバティー号で浦賀に引き揚げ、一九四六年（昭和二一）四月に復員した。浦賀に着いた時、コレラが発生していたため、すぐには上陸できず、一か月間船に留められたという。

復員後、看護婦養成所時代の上級生を宇部興産に訪ね、豊浦病院に勤めた。同病院では、会社側の立場にあるはずの院長に勧められ、労働組合の活動に参加した。その後上京し、曲折を経て駐日フランス大使の家庭で子供の世話をする仕事に就いたのが縁となり、一九六〇年代半ばに渡仏し、フランスでの一〇年間の生活の後に帰国した。台湾人篤志看護助手たちと再会したのは、広東第二陸軍病院の戦友会の人たちが台湾を訪ねた一九八四年の「広東会」であった。

ちなみに、エミのアルバムの一九九五年五月の写真の裏には、「日本全国会、終へて」「江東区」「北川敏子姉さん（広東二陸病院内務班長）の一宿」「富山恵美子の班長さん」とあり、「私と二人で姉妹の様で、私はあまへたので」と記されている。「広東二陸」の戦友会の日本における「全国会」に出席したあと、北川敏子の自宅を訪ね、一泊した時の写真である。北川敏子は、「広東二陸」に勤めていた日本人陸軍看護婦だった。

「偕行社」の総会

エミのアルバムの中に、「偕行社」会長竹田恒徳《つねよし》の横に座った彼女の写真がある。裏面には、「偕行社会長竹田宮殿下、一九八六年一一月二日、市ヶ谷私学会館」とあり、「多治見」及び「山本壮一郎」の名が記されていて二人もいっしょに写っている。多治見国正は、エミの夫と同時期に座間の陸軍士官学校に学んだ「陸士五八期」同窓生であり、山本壮一郎は宮城県知事である。

旧皇族竹田宮恒徳王は、陸軍士官学校出身で終戦時は陸軍中佐だった。一九四七年一〇月に皇籍離脱し、戦後は日本オリンピック委員会委員長・国際オリンピック委員会理事などを歴任し、八一年から八九年の八年間「偕行社」会長を務めた。

エミが「昭和六一年度財団法人偕行社総会」に出席することになった経緯は、彼女の手記に次のように記されている。

東京滞在中、台湾の主人から日本士官学校の同窓会があるので、私に代わりに行けと言ってきた。四谷近くの千駄ヶ谷私学会館へ。招待所へ行くと、「サインして」と言われた。偕行社のグループには衆議院議員とか上級の役員たちがいて、何期生かと聞かれた時、「アッ」と思わず心の中で声が出た。主人は大事なことを何も私に教えていなかった。

「偕行社」総会会場にて、右端竹田恒徳（竹田宮恒徳王）、その横が孫傅秀松、1986年11月

やむなくエミは、受付をあとにして帰ろうとした。その時、「孫《そん》夫人ではありませんか。お久しぶりです。」と声をかける人がいた。振り返ると、士官学校留学生隊の教官だった古井貞方が、にこやかな表情でゆっくりと近づいてきた。

「孫さんは五八期生です。」と古井は受付に告げたあと、エミを連れて五八期の人たちに紹介して回った。

紹介された同期生の中でも、とくに多治見国正が親切だった。エミのノートには、「大勢の集まりで三〇〇名。一卓一〇名。同期の仲間に入った。」とあり、「会長の挨拶が始まる前に、多治見先生は私を伴い、前席にいらした会長竹田宮殿下に紹介して下さって、いっしょに写真を撮りました。」と記されている。

そしてエミは、「この会への出席は、のちに台湾元日本軍属の郵便貯金返還問題解決への取り組みの上でも重要なものとなった。」と記している。

軍事郵便貯金返還問題

一九九〇年代半ばにには、それまでにはなかった動きの中に、元台湾人篤志看護助手たちは身を置いていた。エミのアルバムにある九四年三月撮影の二枚の写真は、それぞれ東京と台北において写されたもの。うち一枚は、三月四日に交流協会の台北事務所で写され、いま一つは三月二〇日に東京大久保の台湾協会で写されている。交流協会は、日本と中華人民共和国との間に国交が開かれた後に、日本と台湾との外交窓口として設けられた機関であり、台北事務所は大使館の役割を担っている。

東京の台湾協会での写真には、蔡《さい》常務理事・元台湾総督長谷川清の子息らが写っている。台湾協会は、台湾関係者の連絡、親睦、援護、厚生を図ることを目的とした財団法人であり、当時新宿区大久保にあった。どちらの写真にも女性が一人写っている。エミである。

東京の台湾協会にて、左端孫傅秀松、その横が長谷川清の子息、1994年3月

二枚の写真は、軍事郵便貯金返還問題に取り組んでいた「中日海交聯誼会」代表者が、まず交流協会台北事務所に梁井所長を訪い、次いで東京の台湾協会を訪問した時に、それぞれ写されたものである。日本の軍人・軍属として動員された台湾の人たちが天引きで積み立てていた軍事郵便貯金が、積み立てた個人に返されないままになっていた。あまりにも理不尽なことが、台湾人元日本軍人・軍属の訴えによって長年にわたり問題となっていた。いま一つには、台湾人元日本軍人・軍属に対する補償問題があった。

それらが大きく問題化したのは一九七〇年代であり、七〇年代から八〇年代にかけて日本政府を相手取った訴訟があり、国会でも取り上げられた。そして、戦後四〇年余も経った一九八八年に、「台湾住民である戦没者の遺族等に対する弔慰金等に関する法律」が施行され、台湾人死傷者

台湾人元日本軍人・軍属の抗議集会、桃園県体育館、1995年

一人に対し二〇〇万円が支払われた。戦争中の軍事郵便貯金など、未払い分の返還が始まったのは一九九五年であった。一二〇倍の計算で支払われ、一〇〇〇円で一二万円の計算だったから、そのあまりの少なさに台湾人元軍人・軍属は驚いた。恩給等の支払いは国籍条項によって外国籍の台湾人は支給対象から外された。台南陸軍病院からマニラの南方第十二陸軍病院（渡一〇六一二部隊）に派遣され、戦争末期に山岳地の戦場で辛酸をなめた黄玉緞《こうぎょくたん》は、同じ台南陸軍病院からともにマニラに派遣された日本人元陸軍看護婦門脇初代に、「どうして私はもらえないの。」と、戦友会の席上で不満を一言もらさざるをえなかった。

エミのアルバムの中の二枚の写真が九四年三月の撮影であることから、エミたちは翌九五年からの未払い給料や軍事郵便貯金の支払いに関わる訴えのために、交流協会台北事務所と東京の台湾協会を訪ねていたことがわかる。

九五年に桃園県体育館でエミ自身が撮影した写真には、日本統治下において戦争に動員された台湾人軍人・軍属の全台湾集会に集まった元従軍看護婦たちが写っている。大きな横断幕には、「台湾元日本海外従軍看護婦」の文字と赤十字のマークが記されていて、数人の元従軍看護婦がこれを掲げている。

総理大臣への「要望書」

一九九七年五月に作成された「総理大臣橋本龍太郎」宛の「要望書」写しが、エミ所蔵の書類綴に保存されている。

その「要望書」の全文を、次に記しておくことにしたい。

要望書

一九九七年五月

一、曽て十年間の完全な日本教育を受けた私達は半世紀も前に当時の日本国家及び〔空白〕天皇陛下の為にたつた一つの命を捧げて敵機の猛爆下で日本国の忠実無比の軍人軍属、或は博愛を標示する赤十字の旗の下で白衣の天使として竝竝《なみなみ》ならぬ苦労と危険とを冒して活躍し、九死に一生を得て帰つて来た日本元台湾軍人軍属の裡《うち》の看護婦団体でございます。

二、最近貴国は聯合国の常務理事にならうとして、為に貴重な命に対して全然危険性を伴はない商業的行為の女の方々（慰安婦）に貳百萬日幣を支払はれたとの事。其れに比べて何故？　何故？　貴国の為に漸《よう》やつと九死に一生を得て帰つて来たと思つたら、日本国籍は消滅され、四十幾年もの間どちらからも構はれなかつた故に、どれだけの苦労を更に重ねて来たかも言の尽せない私達に対して、返済すべき当時の心血の代価なる軍郵貯金や未支給給与をたつたの120倍の比率で返すと言ふのは、余りにも不公平極まりない事と思ひませんか⁉

三、今や貴国は世界第一の経済大国の寳座に泰然と座つてゐらつしやるのです。其れで私達の唯一の願ひは当時の軍郵貯金や未支給給与は御破算とし、世界第二次大戦に於てアメリカの国内で無事で只軟禁された日本人に対し、アメリカは二萬ドルの賠償をしたと言ふ事実に習つて、私達にも一様に二萬ドル払つて下されば多少慰められませう。

四、私達は生れ落ちると正真正銘の日本人だつた故に、更に徹底した貴国の道徳的な教育の元に育つたので、赤誠を以ての尽忠報国と日本国民としての義務を完全に果しました。然し小部分は已に若かつた頃の苦労が何の報ひも得られなかつた事を怨みつゝ此の世を去り、大部分は七、八十歳の老域に達し、全く其の生活能力を失なひ、或は孤寂な病床で呻《しん》吟《ぎん》してゐる此の哀な一群に対して火急な補償対策を切にお願ひ申し上げる次第でございます。

　尚、貴国は国際社会に於る人道、信義、徳望の有る国と言ふ名誉にかけても、良心に悔いのない様に履行されん事をひたすらに要望致します。

日本総理府
総理大臣橋本龍太郎閣下

日本元台湾軍人軍属海外従軍看護婦一同
代表　詹如璧　傅秀松　沈　蘭
呉綵萃　陳恵美　葉蔣梅
等弐佰余名
敬上

右の「要望書」は、日本元台湾軍人・軍属海外従軍者のうち、一九九七年時点で健在だった元従軍看護婦二百余名の代表として、傅秀松（エミ）や葉蔣梅（蔣さん）ら六人の代表が作成したものである。そこには、旧かな遣いの端正な自筆文字が並んでいる。

エミは長い付き合いの中で、このような「要望書」があることを一度も話したことはなかった。見せてもらったのは最近のことである。台北に行くことを連絡しておくと、着いた夜には必ず電話がかかってくる。ボランティア活動などで飛び回っている毎日なのに、待ち合わせの時刻にはいつも早く来て待っていてくれる。

「お母ちゃん元気？」と言って私の妻を気遣ってくれ、「人間は分け隔てをしてはいけない。誰とも仲良くして明るいことが健康の秘訣。人の悪口はいけない。」などと、にこにこして教えてくれる。帰りには、「これ、健康にいいよ。」と言って、台湾の健康食品や乾物類などを持ちきれないほど持たせてくれる。

そんなエミたちが作成した「要望書」を目にして、日本人として台湾人として長い年月を生きてきた彼女たちの人生の深い襞に、あらためて触れる思いであった。

第五章　台北の人、台中の人

「国語家庭」に育って

台北の楊劉秀華《ようりゅうしゅうか》宅を久しぶりに訪ね、応接間に招き入れられると、速度のある見事な日本語で話しかけてくる男性がいた。二〇一三年三月だった。日本人かと思っていると、戦前に東京で生まれた台湾人鄭瑞康《ていずいこう》だと言う。

終戦の時、台北第二中学校の生徒だった彼は、いわゆる「国語家庭」の認定を受けた両親のもとで育った。戦後、中華民国の統治下に入った台湾では、「国語」は北京語を指すのは言うまでもないが、戦前はもちろん日本語だった。日本語を常用する家庭は、「国語家庭」あるいは「国語の家」などと呼ばれた。

鄭瑞康の父は鄭石銀《せきぎん》といい、台南の商業学校を出たあと、計理士試験を受けるために神戸の商科大学へ行ったようだが、難しくて受からなかったという。その後、三井商社の社員となった父石銀は、東京勤務となり淀橋区柏木（現・新宿区）に住んだ。この柏木で、一九三二年（昭和七）

一一月一一日に瑞康が生まれた。

母は許氏抱治《きょしほうち》といい、その実家は台南の赤嵌楼《せっかんろう》の近くにあった。母方の祖父は、漢文ができたが、父方の祖父は一字も読めなかった。母抱治は彰化高等女学校に進学し、結婚前には公学校の教員心得として勤めていた。

東京の柏木で四、五歳まで過ごした瑞康には、成子坂や淀橋、通っていた幼稚園や住まいの近くにあった警察派出所などがうっすらとした記憶の中に残っている。台湾に帰ったのは、盧溝橋事件前後だっただろうか。父石銀は、台湾に赴任した日本人に六割加俸があることを本島人（台湾人）に対する差別だと批判する文を『台湾日日新報』に投書したことで、上役に呼ばれ「君はあしたから出社するに及ばす」と言い渡され馘首《かくしゅ》された。後に親から聞かされたことだという。馘首されたあと、石銀はある人の紹介で日清製粉の台北支店に就職し、その後ずっと同社の社宅に住むことになった。終戦後、「日産」と呼ばれた社宅と敷地は、中華民国政府から安い値段で払い下げられた。鄭瑞康は、木造の日本家屋だったその社宅を、のちに建て坪五八坪の鉄筋コンクリート四階建てに建て替え、現在はその四階に妻とともに住んでいる。

台湾に帰ってまもなく、瑞康は台北の日新公学校（台北市下奎府町《かけふ》）に入った。国語常用家庭に育った彼は、日本人が通う小学校に入れた。だが、父石銀は「日本人の子供といっしょになると、いじめられるといけない。」と言って、台湾人の子供が通う公学校に入学させた。

一九四四年（昭和一九）一〇月に米軍による台湾全島への本格的で激烈な空襲が始まった。この時初めて台北への空襲があって、台北市街地の公学校や小学校では、縁故疎開する児童が増えた。瑞康は、父の故郷の楊梅《ようばい》に疎開することになった。父は勤務があるので台北に残り、母と二人の姉、弟一人といっしょに楊梅に帰った。楊梅には、客家《はっか》の人たちが多く居住していた。瑞康の家系も客家だった。だから父は、閩南《びんなん》語すなわち台湾語をうまく話すことができなかった。母は客家語が話せなかったから、家庭内の会話は日本語だった。

六年生の瑞康は、楊梅の公学校から優秀な台湾人生徒が通う州立台北第二中学校（台北市幸町）を受験して合格した。田舎の小さな公学校の校長は、「公立の中学校に合格した者は未だかつていない。君だけだ。」と言って喜んだ。四五年二月に公学校を卒業した瑞康は、四月に台北二中に進学し、終戦後建国中学校と改称した新制の初中三年、高中三年を経て、五一年に台湾大学工学部電気科に進み、五五年に卒業した。

卒業後、国府軍（中華民国国民政府軍）の少尉となって一年間兵役に就いた。除隊して電力会社に就職したが、その後また召集があって軍務に就いた。現役の時は歩兵将校だったが、歩兵ではつまらないと思って試験を受け、政治作戦科の将校になった。試験は語学が中心だった。英語や日本語の試験があった。英語は得意であり、日本語は後に学んだ北京語とは異なり、生育過程における日常語だった。

政治作戦部隊は、台北の北投に置かれていた。戦後しばらく、保安警察隊が入っていた同じ場所である。鄭瑞康が政治作戦部隊にいたのは、一九六〇年代の初め頃である。この作戦部隊では、防諜政策とか諜報活動などの訓練をしていた。主には、反共政策とか大陸反攻などに関する研究をしていた。鄭瑞康は、当時の様子を思い出しながら次のように語る。

どういうことをやっていたかというと、たとえば僕たちが反共を掲げて大陸反攻して、共産軍が降伏したあとどうするかといった、大陸反攻が成功した後の政策に関する研究です。でも、それはあり得ないことなので、僕らはみんな陰で笑っとった。バカみたいな話です。こういうこと研究しても夢物語で、こっちが優勢になるかどうかわからない。そんなことやっているうちに、大陸から共産軍が攻めてきて占領されるかもしれない。若い者同士でそんなことを言っていた。大っぴらに話すと、首ちょん切られるから、僕らはこっそり話し合っていた。大陸反抗作戦というのは、本当にあった話ですよ。上陸して攻めようというのです。でも、アメリカに止められたらしいんですね。

僕の会社の部下には、大陸から泳いで来たのがいた。中共の方から逃げてきたんです。金門島です。今彼は、工業高等学校の先生をやっている。僕より若い。当時彼は、大陸から何も持たずに裸で泳いで来たんです。台湾で家を買って、今は安定した生活をしている。厦門《アモイ》出身で、生家は子供の時には資産家だったそうです。

鄭瑞康は、召集解除後も台湾電力公司に勤め、同公司からアメリカに留学した。アメリカに設けられた台湾の組織インターナショナル・アソシエーションがクリムランドにあった。そこへ派遣されて、一年半ほど研修して電力工程を修めた。アメリカから帰ってから、台北市政府に勤めた。市政府では、衛生署や病院など公的施設の建設を進めていて、電気関係のライセンスを持った主幹を必要としていたので市政府工務局に入ることになった。

「白団」のこと

ところで、鄭瑞康には、国府軍に招かれた「白団」と呼ばれた旧日本軍将校団についての記憶がある。彼が政治作戦将校だった時には、「白団」はすでに過去のことになっていたが、戦時中「中支」にいて、戦後台湾に招かれて、大陸の共産軍と対峙する国府軍の訓練を支援した富田少将ら旧日本軍将校団についての噂話を耳にしたことがあった。

鄭瑞康は、「白団」について次のように語る。

「白団」のことは、ごく少数の者しか知らなかったと思う。政治作戦科の軍人は知っていたけど、そういうことは口外しないことになっていた。

金門で国府軍と中共軍が対峙し、台湾海峡危機に直面した当時、「白団」の将校たちが大いに働いたという。蒋介石は、とても「白団」の将校たちに敬意を表していた。僕が政治作戦科にいた時には、あの頃のことは過去になっていたが、昔こういうことがあったと聞いた。

「白団」将校が携わった作戦は、長くて四、五年ぐらいだったんじゃないか。僕は直接には知らないけれど。

国府軍の将校の中には、金門の作戦で日本の力を借りたなどと言いたくない者もいた。旧日本軍将校団の招聘には、ハオボーツーが反対した。「敗軍の軍人どもを呼んで来てどうする。俺たちでたくさんだ。中共軍を撃退する。」と言ったらしい。そしたら、蔣介石に「お前も頭を丸めて謙虚になれ」と怒られたという話ですよ。

右の話の中の「ハオボーツー」は、当時国府軍の上校（大佐）から少将となった郝柏村《かくはくそん》のことと思われる。郝柏村は一九五〇年に香港を経て台湾に渡り、一九五八年に第九師少将師長兼戦地指揮官に任ぜられ金門守備に就いた。台湾に渡ったあと、「白団」の軍事教育と関係のある三軍連合大学にかかわっている。

鄭瑞康は、今から二〇年余り前に市政府を定年退職した。市政府在職中から現在の明志科学技術大学の非常勤講師として電力工程、電力輸送を教えていたが、一〇年ほど前にそれも引退することにした。彼の妻は、台湾人医師と日本人女性の間に生まれた娘だとのこと。日本語は話せるが、夫の瑞康のように上手ではないという。夫妻には一男一女があり、娘は行政院の農業委員会課長として「動物貿易組」の仕事に就き、応用科学を専攻した息子は新竹の工業技術院の高級研究員を務めている。

再会かなわず

台中のレストランで、大雅《たいが》公学校の同窓生廖継水《りょうけいすい》や張蕊《ちょうずい》たちと話していると、突然に激しい地震に襲われた。十数年前に台湾中部を襲った大地震のことが頭をよぎり、一瞬外へ飛び出そうかと思ったが、「だいじょうぶだよ。」と止められた。二〇一三年三月二七日のことである。

廖継水は、一九二二年（大正一一）九月二〇日に台中州豊原郡大雅庄に生まれた。生家は農家で、兄四人姉一人の末っ子だった。継水は大雅公学校卒業後、台中農業学校農業科に進学した。小麦やサツマイモの栽培などについて勉強し、卒業したのは太平洋戦争開戦の翌年一九四二年（昭和一七）一二月だった。年明けの四三年一月一五日に、食糧局台中事務所清水《きよみず》出張所に採用された。当時の職員録には、「雇」として彼の名が記されている。清水出張所での主な仕事は、玄米の検査だった。精米したあと、一等・二等・三等を決める。精米工場に食糧局の職員が詰めて仕事をした。四三年から四五年までの三年間が清水出張所の勤務だった。

終戦後、四五年から翌年にかけて日本人が引き揚げた。引き揚げ後は、台湾人が日本人に代わって職務を遂行した。その当時の状況を彼は次のように語る。

台湾人は、だいたいみんな公学校の高等科を卒業していたし、私のように中等学校を出た者もいた。ですから、係長クラスの職務能力を持つ者にはまったくこと欠かなかった。台湾人だけで、通常の業務をすべてこなすことができた。日本人が帰ったあとは、台湾人だけで職務を担った。

戦争が終わったあと、台湾に来た中国人について、「質が良くなかったね。中国政府の公務員も軍隊も良くなかった。一〇年ぐらいたって良くなったけどね。当初はとても悪かった。」と言う。「大陸の方の状況は良くなかったんでしょう。課長とかにしてもね、中学校を出た本島人

台中のレストランにて、左から３人目が張蕊、
右端が廖継水、2013年３月（著者撮影）

（台湾人）の方が上だったでしょう。大陸から来た人たちは程度が低くて、本島人の公務員としての能力の方が高かった。」とも彼は語る。

廖継水は、戦後ずっと公務員として勤めた。終戦の翌年からは、台中県政府に勤めた。米の作付けや農務奨励など、農政を担当する農務課長を務めた。戦後四〇年経った一九八五年には、台中県政府から日本に派遣され、茨城県など東京近郊地域において農薬に関する調査を行ったことがあった。明治製薬などの農薬製造工場を見学して製造過程を調査し、日本の農家を訪ねて農薬の使用方法や、その毒性からの防護方法などについて実際に調査して回った。八五年九月から一一月にかけての三か月間、日本において調査した成果は、台湾に帰ってから農家への指導に大いに役立ったという。県政府職員として長く勤めた廖継水が定年で退職したのは、一九八七年六五歳であった。

日本の統治下において、公学校・中等学校と日本語で教育を受けた廖継水は、戦後中華民国政府にかわった時、北京語をまったく話せなかった。政府は公務員を集めて、北京語の訓練をした。公務員を対象とする北京語講習を、台北まで受けに行ったことがあった。この時、台中県政府では、試験によって三〇〇人が選抜されたという。北京語は話せなくても、日本の教育で漢字の知識が身についていたから発音だけの訓練を受けた。数か月間勉強したという。

家庭では台湾語（閩南語）を使っていた。父母は日本語を話せなかったからである。兄弟の間では日本語を話した。長兄は公学校を出て、三年制の実業学校で学んだ。次兄は公学校の高等科を卒業し大雅庄の役場に勤め、戦後警察官になった。姉たちは公学校へ行かなかった。女の子は学校へ行く必要はないというのが、継水たちの父母の考えだった。総督府の就学奨励にもかかわらず、女の子を学校へ行かせない親たちがけっこういたのである。

大雅公学校から女子師範に進んだ張蕊は、「男尊女卑が強かったのですよ。女はあまり教育すると頭が高くなるのでだめだという考えがあった。」と言う。就学しないで日本語が話せないと、日本統治下において社会的に不利益を被ることが考えられた。だから、公学校へ行かない人のために、村々には日本語の講習所が設けられていた。張蕊は、師範学校に入る前に、西只寶村《せいしほうそん》講習所で教えていたことがあると話す。

継水の姉廖阿美《りょうあび》は講習所で日本語を習い、戦前に同じ台湾人の李春亭《りしゅんてい》と結婚し、神戸で暮らすようになった。終戦後は、しばらく連絡がとれなかった。神戸へ行った知人から、姉さんに会ったという情報を得たことから手紙のやり取りがあり、戦後久しぶりに姉が台中に帰って来た。姉夫婦は、神戸でホテルを開業していた。継水は兄弟といっしょに、姉の家族を神戸に訪ねたことがあった。姉は何回か台湾に帰って来たが、母が死んだ時に帰ったのが最後となった。姉の阿美は、三年前に九〇歳で亡くなった。

台中で大雅公学校の同窓生たちの話を聞いて帰国した翌月、自作の漢詩を添えた廖継水の手紙が届いた。心のこもった丁寧な手紙で、再会を楽しみにしているとのことであった。だが、八月に台中を訪ねた時には、彼は病の床にあり、ついに再会はかなわなかった。

第一回派遣の篤志看護助手

廖継水と大雅公学校で同学年だった張蕊は、一九二二年（大正一一）六月六日に大雅庄花薇《かび》に生まれた。彼女は大雅公学校を卒業して幼稚園に一年勤めたあと公学校に行かなかった女性に日本語を教える講習所の講師になるための認定試験を受けた。半年ほど主婦たちに日本語を教えたあと、師範学校に入った。勉強好きだった彼女は、公学校時代は四年から六年まで通して、女の子のクラスで成績はいつも一番だった。

「私、母校の大雅国民学校で教員をしていたんですよ。」と言いながら、張蕊は古い写真を示して、「二年生を受け持っていたんです。生徒がアリさんみたいにいっぱいだった。七二人おったんですよ。」「九龍《くりゅう》に行く前です。帰って来て、また半年教えて、そのあと私、州の衛生委員になりました。」と話す。

大雅国民学校教員時代の張蕊と児童、1942年２月

「九龍に行った」とは、彼女が台湾総督府海外派遣篤志看護助手に志願して、九龍に派遣されたことを指している。母校の大雅国民学校の教員をしていた時に、第一次海外派遣篤志看護助手の募集があって、彼女はこれに志願したのである。「私達一回生の時の志願者は、みな学歴が高くて、とても良い家庭の人ばかりだったのですよ。優秀なお嬢さんばかりでした。」と言い、彼女は次のように語る。

高等女学校卒業以上の者が出願資格になっていた。台中州から志願して試験に合格した者は、台中病院の宿舎に合宿して実習訓練を受けました。私たちの班長さんは、許静鑾《きょせいらん》という日本留学から帰ったとても理知的できれいな人でした。東京の女子薬専を出た薬剤師さんです。彰化高女を卒業して日本に留学した人で、ほんとに輝いていました。班長の許静鑾さんは薬剤師だったので、九龍陸軍病院到着後に薬室勤務となり尉官待遇でした。

豊原郡では四人合格しました。張秀琴《ちょうしゅうきん》さん、安田春子さん、碧連《へきれん》さん、そして私です。張秀琴さんは公学校で私と同

郡主とともに豊原神社の前で、
右が張蕊、1942年６月

級生で仲が良かった。彰化高女を卒業して、どこにも勤めていない時に志願した。九龍へ派遣されて帰って来てから、お医者さんと結婚しました。戦後ご主人が事故で亡くなって、子供を連れてアメリカに移住したようです。安田春子さんは、派遣当時すでに改姓名していたので、台湾名がわかりません。彰化銀行の銀行員をしていた人で、帰ってから教員をしていましたが、戦後どうなったかわかりません。碧連さんは郡役所の職員でした。みんな篤い志をもって、戦地派遣を志願しました。

張蕊が大切に保管している当時の記念写真は、豊原神社の前で郡主とともに写したもの。「とても良い郡主さんだったの。郡主は日本人だったの。」と彼女は言う。

九龍に派遣された台中・台南・台北・高雄の各班はいずれも二〇人編成で、日赤救護班と同じだった。九龍での彼女たちの婦長は山口まつといった。山口まつは京都日赤の救護班の婦長だったが、夫が台湾の鹿港《ろっこう》国民学校の訓導だったので、張蕊たち第一回派遣の看護助手たちが帰った二か月後に台湾に「凱旋」したという。この時、台中の第一回派遣篤志看護助手たちが山口婦長を迎えて八景山の温泉に集まり、記念写真を撮っている。

九龍陸軍病院での担当婦長山口まつを迎えて、八景山、1943年８月

張蕊たちは、一九四二年（昭和一七）六月に派遣された。同年一一月まで九龍の陸軍病院に勤務したのち、広東第二陸軍病院（波八六〇一部隊）に移動した。九龍から広東への移動時の状況について、彼女は次のように語る。

私たちが派遣された時は、日本軍による香港の占領も一段落して落ち着いていた。野戦病院が兵站病院に編成替えになって、九龍に陸軍病院が開設されていました。私たちが派遣された時の九龍陸軍病院の院長さんが、台湾から来たお嬢さんたちはとっても頭がいいし、よく働くし、病院の光だ。とてもいいよ、なんて話したらしいんです。あんまり宣伝するものだから、広東陸軍病院の院長が、こちらに回してほしいってことになって、私たちは広東に行くことになったらしいです。昭和一七年の一一月末ごろだった。

九龍の陸軍病院は、英国の大学を接収して開設されていた。その大学の寮が、台湾から派遣された篤志看護助手たちの宿舎にあてられた。宿舎は洋室でベッドが置かれ、水道やガスなど十分な設備が整えられていた。快適だった九龍の宿舎とは打って変わり、広東の陸軍病院であてがわれた宿舎はひどかった。畳に藁布団を敷いて寝る。広東といえども、一一月末ともなれば夜は寒い。「お腹は空くし、ほんとに泣いたわよ。」と張蕊は語る。広東の陸軍病院は、六榕寺に近い知用中学校を接収して開設していた。

張蕊は、第二回篤志看護助手たちが広東第二陸軍病院に到着した四三年六月まで、同病院内科病棟（第二病棟）で勤務した。九龍陸軍病院へ派遣される一年前、彼女たちは基隆から香港まで二晩三日で着いた。だが、帰る時には一一日もかかった。魚雷を避けて航行したため、日数がかかったのである。珠江で小さな船に乗り、香港で大型輸送船に乗り換えた。行きも帰りも、同じ広東丸だった。派遣時には、南方行きの兵たちがたくさん乗っていた。広東丸の船室は一階と二階にあり、三階は甲板だった。船室は油臭くてたまらなかった。食事の時以外は、甲板にいて歌を歌ったりしていたという。彼女たちが帰ったあとしばらくして、広東丸は厦門の手前で魚雷にやられたらしいとのことである。

戦後の生活と心境

終戦後張蕊は、大阪の会社に終戦まで勤めていた同郷の劉興寿《りゅうこうじゅ》と結婚した。劉興寿は、大阪の高等工業学校の電気科に入り、卒業後同地の製綿会社に勤めていたという。当時劉興寿は、藤園寿雄と改姓名していた。大阪大空襲で会社も社長の家も焼かれ、彼は着の身着のままで台湾に帰って来たという。台湾に帰ってから、台北にあった味の素の会社に一二年間勤め、公務員になった。一九一八年（大正七）生まれの劉興寿と、張蕊が結婚したのは一九四七年だった。

蕊と親しかった日本人が台湾から引き揚げるとき、「台湾の若い男性も海外からたくさん帰って来るから、この機会に結婚しないと婚期を逃すよ。」と彼女に言ったという。その言葉が、日本から引き揚げてきた劉興寿と結婚するきっかけになったと彼女は言う。

結婚後二〇年経った頃、夫は病気がちになって退職した。それからは、彼女が一家を支えることになり、台中の合作新村で工安薬局という薬店を始め、子供たちの学資を賄った。幸いに二人の娘は、台南の薬学専門学校に進み薬剤師になった。薬局は一九六五年から九六年まで開業していた。国民保険ができたので、みんな病院へ行くようになった。客が来なくなったので、薬店を閉めることにしたのだという。

彼女は男二人女二人の四人の子供を育てた。子供たちは日本語がとても上手だったが、初中に入ってからはまったく話さなくなった。「中学に入って排日でしょう。全然言わなくなった。」と、蕊は言う。日本から帰った夫は、台湾での戦後の生活になかなか慣れなかった。劉興寿は、日本語と台湾語で生涯を通した。「うちの主人は全然北京語で話さなかったの。」と彼女は言い、「とても嫌っているから言わないの。何回も手術して、八五歳で逝っちゃったけど、私といる時はいつも日本語で話した。」と語る。

中学校時代に日本語を使わなくなっていた長女は、のちに東京近郊の都市で働くようになった。一九五〇年生まれの張蕊の長女は、スーパーを経営する日本人男性と結婚して日本人となった。日本の教育で育ち、戦中に日本統治下の公学校教員となった張蕊は、「人間の幸福はどこにあるかというと、人間の基礎教育にあると思う。」と言い、「日本時代の教育は、とても良かったのですよ。」と言う。そして、戦後の長い人生を振り返りながら、「今やっと落ち着いたけれどね。静御前の歌の境地ですね。」と言い、「しずやしず　しずのおだまき　繰り返し　昔を今になすよしもがな」と、よどみなく歌をあげ、「昔に帰ったらどんなにいいかしれないと、ればかり願っているけど、もうそんな時代は来ないだろう。」と言って、寂しそうな表情を浮かべた（二〇一二年一二月二五日談）。

新竹州の生まれ

張蕊のしみじみとした心境に引き込まれた翌日、私は台湾鉄道台中駅から台北に向かった。この日の午後に、二人の女性、李宝玉《りほうぎょく》と李淑容《りしゅくよう》に会う約束をしていた。二人とは二〇一二年一一月に、台中の宝覚寺における元台湾人日本軍人・軍属戦没者の慰霊祭で会っていた。この慰霊祭には、エミに誘われて初めて参列した。同年一一月下旬は、台湾人戦没者の慰霊祭で会った人たちを、高雄・台中・台北と訪ねる旅となった。

李宝玉と李淑容の二人は、いずれも台湾総督府第三回海外派遣篤志看護助手に志願し、広東第二陸軍病院に勤務し、終戦の翌年四月に台湾に帰っている。広東での勤務中には、宝玉は林田芙美子、淑容は樺島容代と名のっていた。宝玉は一九二三年（大正一二）一二月一四日生まれ、淑容は一九二六年（大正一五）四月六日生まれである。どちらも新竹州の出身で、宝玉は桃園《とうえん》、淑容は大溪《たいけい》に生まれた。

李淑容は、二〇〇四年に大阪を訪ねた時、広東第二陸軍病院勤務時の豊永班長（日本人看護婦）に会うことができて、とてもうれしかったと話す。手紙で知らせておくと会いに来てくれた。豊永班長は、戦後日本に帰ってから結婚し櫟本という姓になった。二〇〇四年に会ってまもなくして連絡がとれなくなった。淑容は娘についてもらって、二〇一一年に茨木市まで探しに行った。市役所の相談センターで尋ねたところ、七年前に亡くなっていたことがわかった。

淑容は大溪公学校高等科卒業後、大溪郡の郡役所庶務課に勤めた。公学校の校長先生が紹介してくれたのだという。海外派遣篤志看護助手に志願した当時、大溪郡の郡主は新田定雄だった。官舎に住んでいた彼は、広島出身の釣り好きで、視察もかねて街中をよく一人で歩いたという。とてもやさしい人柄で、篤志看護助手に志願した時、「バカ野郎、何で志願なんかしたんだ。」と言って叱ったという。

「そんなところへ行くと危ない。あなたたちは台湾に残って仕事をするんだ。生命を危険にさらしてはいけないというのが新田郡主の考えでした。」「大溪街の青年団長、渡部校長に勧められたと応えると、郡主は青年団長の大バカ野郎と言って涙を流した。」と、淑容は語る。大溪街の青年団長は、大溪宮前国民学校の校長渡部逸平が務めていた。台湾総督府所属官署の職員録（一九四四年一月）には、大溪郡郡主新田定雄も大溪宮前国民学校長渡部逸平も正七位と記されている。

淑容の生家は、家具を作る工場を営んでいた。二十人余りの職人を雇っていたが、父の李阿鳳《りあほう》は経営者であるとともに職人でもあった。母蘭香《らんこう》はたくさんの職人の食事を賄っていた。裕福な家庭に育ち、成績も良かった淑容は、「六年生の時の担任林又左衛門先生に、名門の台北第三高等女学校への進学を勧められた。」と言う。だが、祖父阿番《あばん》は、「そんな遠いところには行かせられない。」と言って許さなかった、やむなく淑容は、大溪公学校の高等科に進むことになった。

篤志看護助手として派遣された広東第二陸軍病院では、淑容は病理試験室勤務となった。陸軍病院での勤務はきびしかったが、休日には病院内に設けられていた女子会館で、おはぎやお汁粉を買って食べるのが楽しみだった。映画もたくさん観に行ったという。

終戦の日、「富山恵美子（エミ）が泣きながら、点呼よ、点呼よと言いながら廊下を走ってきた。何があったかと尋ねると、無条件降伏したと言う。あの時はみんな本当に泣きました。」と、淑容は語る。

「そのあと、中華民国軍から私たちを引き渡せという要求があって、花地の集中営に移動させられた。」「花地ではずいぶんいじめられた。」「一日一回しか食事がなくて、別れる前に日本の部隊から貰ったキャラコなどを自分で売って、ひもじさをしのぐほかなかった。」と彼女は言う。

淑容たちがようやく台湾に戻ることができた時、日本人はすでに引き揚げていた。やさしかった新田定雄郡主も、「あなたたちは日本人ですよ。」と言って導いてくれた六年生の時の担任林又左衛門訓導も引き揚げていた。ずっとのちに、日本への渡航ができるようになってから、郡役所に勤めていた男性たちが郡主だった新田定雄を日本へ探しに行った。大溪郡の郡役所で新田の部下だった温中雲《おんちゅううん》と江支安《こうしあん》の二人が探しに行ったのである。その時に、「林又左衛門先生の所在もつきとめてくれたので、手紙で連絡をとることができるようになった。」という。戦後、温中雲は商業を営み、江支安は工場を経営した。生家が貧しかった二人は、のちに事業に成功できたのも若き日に郡主の導きがあったおかげだと深い感謝の念を抱いていたという。

二人姉妹の長女だった淑容は、同い年の黄明覓《こうめいべき》と結婚して家を継いだ。黄明覓は員樹林《いんじゅりん》公学校を出たあと開南工業学校に進み、建築の請負をしていた。戦中には廣谷末雄と改姓名していた。李淑容と黄明覓の長男は李家を継ぎ、次男が黄家を継いだ。四人の男の子と女の子一人が生まれ、経済研究所研究員や商社員・薬剤師などとして活躍している。

李宝玉は、亀山公学校を卒業したのち、台北市京町にあった杉山歯科医院に勤めた。その後、台北陸軍病院の電話交換手に採用され、同病院勤務時に海外派遣篤志看護助手に志願した。広東陸軍病院の大尉が篤志看護助手たちを迎えに来た時、台北陸軍病院の大尉が「ここで働いている者を使うな。」と言って怒ったのを、宝玉はいまだに覚えている。

広東第二陸軍病院では、宝玉は初め赤痢病棟の勤務に就き、次いで配膳室の勤務に就いた。前線から次々と傷病兵たちが送られてきた。病院に着いた兵たちは、「看護婦さん、看護婦さんと、呼び続けるんです。かわいそうでした。」と彼女は言う。終戦後、芳村《ほうそん》の集中営で捕虜同然の生活を強いられた。台湾に帰ってから、台北の北門にあった台北病院に勤めた。その後、鹿島建設に勤めていた男性と結婚して謝《しゃ》李《り》宝《ほう》玉《ぎょく》となった。台北病院の勤めは、結婚したので辞めることにした。子供は三人、今はそのうちの一人は仕事で大陸の広州にいて、二人は台湾で仕事に就いている。宝玉は、「私は日本語しかできないから、北京語は話さない。」と言う。「家では、自分の子供たちと台湾語で話すが、孫とは話せない。」とも言う。戦後、学校教育が北京語になったから、戦後に教育を受けた子供たちの常用語は北京語になった。日本語で教育を受けた世代は、日本語と台湾語を話すことができる。この親に育てられた子供たちは、親が話す台湾語は聴き取れるが、北京語で育てられた孫たちは台湾語での会話はできないのである。

李宝玉の言葉に耳を傾けていた李淑容は、「私は、北京語を勉強して話せるけれど、日本語がいちばん気持ちを表すことができる。」と言う。

日本の統治下で育った人びとの半生は、その後の半生においても、日本との深いつながりの中で途切れることなく生き続けている。日本の敗戦によって、人びとの人生の歴史が区切られるかのような見方は避けた方がよいであろう。それぞれの心に残っていくもの、新たにつけ加わり変容していくものを多面的かつ慎重に見つめてこそ、人びとの人生への理解を深めることがでるように思う。

戦時下の公学校

戦後に師範学校を出て台中県の国民小学校校長を定年まで勤め、いくつかの高級中学校の兼任講師だった張徳卿《ちょうとくきょう》とは、十年近い親しい付き合いが続いた。国民党員だった時期もあるとのことだったが、二二八《ににはち》事件で友人を亡くしていて、戒厳令下の体制にはとりわけ厳しい批判の目を持っていた。多くの教え子に慕われていた彼は、交際範囲が広くて台中市及び近郊地域で戦後活躍して来た人たちの間にたくさんの知人を持っていた。その人たちに紹介してもらえたことは、私の研究調査の上で大いに役立ったが、彼自身の生い立ちを知り得たのはずっと後のことであった。会えなくなった今、彼が語った戦中のことをここに記しておくことにしたい。

張徳卿は一九二七年（昭和二）八月一七日に、台中州豊原郡大雅庄大雅一七九番地に生まれた。徳卿の父は張桃員《とういん》、母は頼素《らいそ》といった。父は協益自転車店を経営し、台中市内で「太陽」の屋号を持つ店からアイリスやポリミヤなどの自転車を仕入れて販売していた。資産を蓄えた父は、実姉の夫や妻の兄弟たちが経営する自動車部品業、材木商、漢方薬卸業にも投資していた。

父の桃員は、公学校を出てから台中の夜間中学に入って勉強した努力家だった。姉が一人、弟が一人いた。夜間中学を出たあと、彰化銀行に勤める話があったが、姉が嫁いだ後だったので、家にいてほしいとの母（徳卿の祖母）の思いに添うことにし、店を二軒買って台中の町外れから大雅に転居し自転車業を始めたのであった。父が通った公学校は、台中州大屯郡西屯庄西屯にあった西屯公学校だった。父は西屯公学校が開校されてから一七回目の卒業生だったと、一人息子の徳卿は記憶している。母も父と同じ西屯公学校の卒業生だった。母の実家頼家は、西屯の裕福な農家だったという。

地主だった桃員の父（徳卿の祖父）は、三人の子供に土地を遺した。桃員は五甲部（五ヘクタール）を相続し、桃員の母（徳卿の祖母）が蓄えたお金を元手に商売を始めた。大雅庄に店を構えたのは、徳卿が数え年五歳の時、一九三一年（昭和六）頃だった。

徳卿が大雅公学校に入学したのは、一九三四年四月、満七歳の時である。卒業は一九四〇年三月だから、この間に日中戦争が始まり日本は戦時体制に入った。徳卿が入学した三四年の大雅公学校は、本科一七学級、補習科一学級、校長は椎田留次（「正八勲八」「香川」）であった。徳卿が卒業した翌年四一年には大雅国民学校と改称し、本科二七学級、高等科一学級、校長は織田得三（「正七勲六」「富山」）となっていて、徳卿が在学した六年間に大雅公学校の児童数は急激に増加したことがわかる（各年の『台湾総督府及所属官署職員録』による）。

徳卿の一年生と六年生の時の担任は台中出身の訓導黄水松《こうすいしょう》、三年生の担任は広島出身の訓導上原季雄だった。「上原先生は、『家に来なさい。勉強を教えてあげるから。』と、いつも声をかけてくれた。先生夫妻は結婚して数年経っていたが子がなかった。我が子のように可愛がってくれ、『眠くなったら、お米を二、三粒食べてごらん。そうしたら目が覚めるよ。』と言って、やさしく勉強を教えてくれた。」と徳卿は回想する。

五年生の時の河野守訓導は、若くて元気がよかった。ある日、クラスのみんなが教室で騒いでいたのをとがめられ、級長と副級長が職員室に呼ばれた。「河野先生は、今後は無暗に騒ぐことは致しませんとの誓約文に、級長と副級長の責任で血判を押すようにと言って、小刀二本を机の上に置いた。」「副級長は尻込みをしたが、級長だった僕はすぐに指を切って血判を押した。」「先生は用意していた薬を指に塗りながら、『級長、お前は勇敢だ。』と誉め、『みんなの管理をしなさい。』とだけ言った。」と徳卿は話す。陸軍伍長だった河野守は、まもなく召集されて出征し、卒業後に河野訓導が戦死したことを知ったという。

大雅公学校第三七回卒業の張徳卿の学年は三クラス編成で、一クラスの児童数は五〇〜六〇人だった。第三八回卒業生は四クラス編成、そのあとは五クラス編成だったと彼は記憶している。

戦時下台湾の各公学校校区には、それぞれ少年団が結成されていて、大雅公学校校区少年団の指導には、同校訓導の石井重雄・林上《りんじょう》・多嘉嶺正男の三人があたっていた。徳卿は四年生から少年団に入った。夏休みには毎年一回、通霄《つうしょう》海水浴場で一週間の少年団キャンプが実施された。

六年生の時、全島少年団代表者の訓練が台北で行われた。徳卿は、豊原郡の各少年団代表一〇人の団長としてこれに参加した。引率教員は、石井重雄と多嘉嶺正男の二人であった。全島少年団代表者を集めた訓練は、台北北投の訓練所で実施された。訓練日数は五日間ほどだった。露営、飯盒炊飯、宝探しなどの訓練を、約五〇〇人の少年たちが受けた。訓練期間中に、台湾総督長谷川清が少年たちの露営場を訪れ、あちこちで声をかけて励ました。この時、長谷川総督と握手したことが、少年時代における徳卿の鮮明な記憶として残った。長谷川清の台湾総督任官は、一九四〇年（昭和一五）一一月二七日であり、張徳卿が大雅公学校を卒業したのが翌四一年三月であるから、彼が参加した台北北投における全島少年団代表者の訓練は、四〇年一二月から翌四一年三月までの間に実施されたものと思われる。北投の訓練所は、現在温泉場がある七星山《しちせいさん》にあったとのことである。全島少年団代表者の訓練は、おそらく戦時下における台湾の小国民錬成を目的として実施されたものと思われる。

台中農業学校へ進学

張徳卿は、読書好きだった。三年生の時から『幼年倶楽部』を愛読し、五年生と六年生の時には『少年倶楽部』を愛読していた。「猿飛佐助」「巌窟王」「西遊記」「宮本武蔵」など、大好きな物語が多かった。公学校の授業では、唱歌・習字・図画が好きだったし、特に算術と理科が得意だった。成績がよく家庭も裕福だった彼は、担任から州立台中農業学校への進学を勧められた。

難関校だった同校は、台中州大屯郡西屯庄恵来厝《けいらいさく》にあった。農業科と園芸科の二科が置かれ、両科とも一クラス五〇人編成になっていて、一〇〇人が入学定員だった。入学試験の合格者一〇〇人のうち、七〇人が日本人、三〇人が台湾人だった。日本人七割、台湾人三割の比率で合格させることになっていた。

徳卿は農業科に入った。農業科は、園芸科よりも成績が良かった。クラスの台湾人は一五人だった。もともと徳卿は、台中第一中学校に進学しようと思っていたが、当時は農業時代だったこともあり、担任の勧めに従い台中農業学校に進むことにした。台中農業学校生徒の就職状況は、相当良いことで知られていた。五年生の一二月ごろには、生徒全員の就職先が決っていた。

徳卿には、台中農業学校在学中に日本人生徒からいじめを受けた体験があった。一時は、嘉義農林学校への転校を真剣に考えたほどだった。後に思えば、悪口を言ったり、ちょっと叩いたり、その程度のいじめだったけれども、徳卿は強い屈辱を感じたという。

勝間田という日本人生徒は、昼食時に教室で弁当を食べていると、おかずの肉を摘まんで盗って行く。嫌がらせの多い勝間田は、「張徳卿、野菜と肉を交換しよう。」などと言ってきて、仕方なしに一か月半ぐらいの間、交換したことがあった。三年生の時のある日、徳卿はとうとう堪忍袋の緒が切れて、教室の後ろに並べてあった三十数本の竹刀を勝間田が立っていた黒板の方に向けて投げつけたことがあった。勝間田は、「俺が怖くないのか。」と言って竹刀を投げてきたが、徳卿はひるまずに「何も怖くない。」と言って一歩も引かなかった。それ以後は、勝間田のねちねちとした嫌がらせはぴたりと止んだという。

各科目の成績は、「秀」「甲」「乙」「丙」「丁」で表記されたが、「教練」「修練」「武道」「体操」「実習」の五科目は、「甲」以上を台湾人生徒に与えてはいけないことになっていたという。だが、徳卿は鉄棒・高跳び・幅跳びに優秀な成績を修め、「軍人勅諭」を全部覚えて、二年生の時に「体操」と「実習」に「甲」の成績がついた。徳卿の成績は、「国文」「数学」「物理」「化学」「英語」が「秀」、専門科目の「特別作物」と「普通作物」が「甲」だったから、学年二番の成績になったという。一番は日本人生徒だった。

徳卿らの学年は、一九四三年（昭和一八）四月に実施された中等学校の修業年限一年短縮により、四五年二月の卒業となった。最終学年となった四年生の四四年一一月に徳卿たちは特別召集されて、台中州北斗郡の濁水渓近くに設けられた拓士道場に行くことになった。組主任だった池田五郎教諭が、口頭試問や身体検査を担当した。四十数人が口頭試問と身体検査を受け、二十数人が選抜された。拓士道場での初めの一か月の訓練で半数が落伍し、二か月後にはさらに半分に減り、台中農業学校から派遣された者のうち、最後まで残ったのは、張徳卿・蔣日浜《しょうにちひん》・林哲《りんてつ》・林明圳《りんめいしん》の四人だけだった。

拓士道場

拓士道場には、宜蘭農林学校・嘉義農林学校・台南農業学校・屏東農業学校など、全島の農業学校や農林学校から選抜された者が集められていた。訓練生八〇人ほどのうち、四分の三は台湾人だった。初めは農業実習中心の訓練が行われていた。田んぼの耕し方や施肥の方法、農機具を使った訓練などを実施していたが、一か月も経たないうちにほとんどやらなくなった。二か月目からは、国体学などの精神教育や軍事的訓練が多くなった。拓士道場には、二、三〇人の台湾人農夫が雇われていて、農作業は主に彼らが行い、訓練生は少し触る程度となった。

徳卿の記憶によると、拓士道場の開設に合わせて、道場長の地位にあった日本人指導者が日本内地で二〇〇人の拓士を募集して台湾に向かったが、花蓮港に入る前に米軍潜水艦の攻撃を受けて沈められたという。救助された日本人六十数人の中に、拓士道場でともに過ごし、生涯忘れえない友となった田口正一という少年がいた。

おそらく当初、徳卿たちが集められた拓士道場は、台湾島内で募集した少年たちに日本内地募集の少年を加えて、南方における開拓戦士を訓練し養成する目的で設けられたものだったようである。だが、戦局の悪化により南方派遣は不可能となり、台湾への米軍上陸を想定した防衛予備隊としての訓練に切り替えられたようである。

拓士道場には、訓練生が寝起きする五、六棟の宿舎が建てられていた。一棟の建坪は五〇坪程度で、外から見ると一階建てだが中は二階になっていた。床は板張りで筵《むしろ》を敷いていた。一階も二階も真ん中で区切られ、建物内部は四区画に分けられていた。一区画に五、六人、一棟に二〇人ほどが起居をともにした。一区画に大きい蚊帳が一張、各自に白い布団が一枚ずつ支給された。棟を出たところに、便所が作られていた。水道と電灯の設備が整っていた。拓士道場全域は相当広くて、二〇ヘクタールから三〇ヘクタールほどあったと、徳卿は語る。宿舎は幹線道路から一・五キロメートル入ったところにあり、八〇〇メートルほど離れたところに医務室が建てられていた。

農業実習をやらなくなった二か月目頃から、アメリカ軍の艦船の型と種類、飛行機の型と種類を見分ける訓練が始まった。徳卿たち訓練生は、アメリカ軍の航空母艦・戦艦・巡洋艦などの図を見ながら名称や種類を覚え、米軍戦闘機・爆撃機・偵察機の名称と型を覚えた。武器の種類についての詳しい訓練があり、ピストル・小銃・迫撃砲・大砲・地雷・水雷などの解説講義があり、米軍の爆弾と焼夷弾の種類や用途及び効果などについても詳しく教えられた。教練は、部隊から派遣された教官が行った。川井田大尉は荒っぽい教官で、徳卿は銃で叩かれたことがあった。もう一人の山沢少尉は、かなり年配だったとのことである。

中等学校出身の徳卿たちは、配属将校による教練を受けていたので、三八式歩兵銃を扱うことができたし、手榴弾の投げ方も知っていた。一週間に二回は、大隊長による二時間の「国体学」の講義があった。日本人と台湾人一二〇人の訓練生が、板の間に正座して聴いた。時々、「忠孝一途成し遂げがたし、その意味を問う。」などと、質問が飛んできた。徳卿は、一度手を挙げて答えたことがあった。

訓練開始後二か月目には、主に武器に関する基礎知識の習得と精神訓練が行われ、三か月目には変装しての斥候訓練が実施された。拓士道場の訓練生は、青年団のような制服を着ていたが、外に出る訓練では農夫の着物に着替えた。農夫の姿に変装した徳卿たちは、夜陰にまぎれて二〇キロメートルほど離れた場所まで歩き、そこで解散して一人ひとりが溪州にあった簡易飛行場に潜入してドラム缶を叩いて帰還するという訓練を受けた。一回の訓練に参加したのは、拓士道場訓練生の半数六〇人ほどだった。この訓練を指導した教官は一〇人ほどだったというから、訓練生六人に一人の割合で教官が付いていたことがわかる。拓士道場に入って以後三か月の訓練体験を思い起こすと、初めは南方派遣の開拓戦士養成所だった拓士道場が、派遣できなくなったので台湾島内における情報員養成所となったのだと思うと、張徳卿は語る。

拓士道場での三か月の訓練中に、徳卿は足を怪我して一週間ほど医務室で寝ていたことがあった。この医務室まで、動けない徳卿のために毎日食事を運んでくれたのが、花蓮港沖で船を沈められ救助されて拓士道場に来た田口正一だった。「あの田口の親切は、一生忘れることはない。」と言い、次のように語る。

> 台湾生まれの日本人は、台湾人に対する差別的態度が強かった。同じ台湾人にも、あの時食事を運んで来てくれた者は誰一人いなかった。日本から来た田口だけが、一・五キロメートル離れた医務室まで食事を運んでくれた。

三か月の訓練が終わった二月一〇日ごろ、訓練生一人ひとりが教官に呼ばれて「小川先生」のところに行くよう指示された。徳卿の記憶では、「小川先生」は台中高等農林学校の教員だったようでもあり、台中州農林課の職員だったようでもあって、定かではない。拓士道場の教官たちが「小川先生」と呼んでいて、訓練生の目から見ても重んじられている存在だった。「小川先生」は、医務室の近くに建てられた宿舎にいた。徳卿は「小川先生」から、街役場に勤務し命《みこと》師団の指示を受けるように命じられたという。台中農業学校から拓士道場の訓練生になった蔣日浜も、命師団の指示に従うよう命じられた。張徳卿や蔣日浜らには、地域の役所に勤めながら命師団の諜報活動を担うという使命が課せられたのである。

台中農業学校の卒業式には、拓士道場で訓練を受けていた徳卿たちは出られなかった。徳卿の卒業証書は、卒業式の日に彼の父桃員が学校に行ってもらってきた。この時、父は卒業証書といっしょに、「台中州産業部農林課雇ヲ命ズ」という徳卿の辞令をもらってきたという。徳卿の勤務先は、台中州員林郡田中街役場となった。田中街長は荒義助といった。徳卿の記憶は、総督府所属官署の職員録の記載と一致している。

台中州産業部農林課雇となった張徳卿の初任給は六〇円だったが、三か月後には八〇円になった。田中街役場で徳卿は、稲の収穫の調査や統計書を作成して提出したことがあったが、役場の仕事はあまり印象に残っていない。むしろ、一週間に一度、午後七時ごろに「小川先生」に会ったことが強い印象として残っている。「小川先生」と何を話し、どんな指示を受けたのかは、はるか遠い記憶の彼方に霞んでしまったが、週一度は必ず命師団の師団司令部に報告書を提出に行ったことだけは鮮明に覚えている。徳卿は、近くのキリスト教の教会に住んでいた西洋人（徳卿の記憶ではポルトガル人）の動静を調査し、報告書を作成して師団司令部に届けていたという。

徳卿が怪我をした時に食事を運んでくれた田口正一は、台中州北斗郡役所に配属されていた。埼玉県出身だった田口とは、終戦後別れたまま連絡がつかなくなってしまった。張徳卿は、日本を訪ねるたびに田口正一の手がかりを得ようとしたが、とうとうわからないまま、長い年月が経ってしまった。

終戦後、中国国民党軍が台中にもやってきた。彼らが畳の上に、土足で上がり込んで来たことがあった。徳卿は、無礼をきびしく叱責したという。二二八事件の時、友達だった台中農業学校の同級生が連れ去られて銃殺されたことは、決して忘れえない出来事であった（二〇〇九年九月一日談）。

徳卿の友人たち

台中商業学校と台中師範学校に学び、戦後貿易会社を興した林明徳《りんめいとく》は、張徳卿ととても仲が良い。徳卿は国民小学校校長退職後、名義的とはいえ明徳が興した会社の相談役となっている。

林明徳は、一九二六年（大正一五）一〇月一日に台中市内に生まれた。父の林清根《りんせいこん》は、台湾銀行台中支店に勤めていた。一八九五年（明治二八）生まれの父は、三年制の夜間中学を卒業して一八年間台湾銀行に勤めたが、明徳が公学校三年生の時に目を患って退職し、家業の農業と貸家業・貸地業を営んでいた。一八年勤務した台湾銀行の退職手当は相当あったと、明徳は聞いている。

母は廖宝《りょうほう》といい、清根との間に四男四女をもうけた。三男の明徳は、一九三三年（昭和八）四月に台中市の村上公学校に入学した。三九年三月に村上公学校本科卒業後、台中師範学校付属公学校高等科に入り、四一年四月に州立台中商業学校に入学した。台中商業学校は一年繰り上げで四五年三月に卒業し、四月に台中師範学校に入った。師範学校に入れば徴兵延期になるとの期待があった。ところが、師範入学と同時に学徒兵にされてしまった。階級は二等兵、終戦後に一等兵となって復員した。

四五年四月に入学した四クラス一六〇人は、台中師範の学徒兵部隊となった。明徳らは、国民学校の校舎で寝泊まりし、台中大肚《だいと》山で陣地構築に従事した。師範学校生徒になると、三〇円が支給されたが、中途退学の場合や卒業後に教員にならなかった場合には返還しなければならなかった。学徒兵になった明徳たちは、軍隊からさらに一八円支給された。

将校は師範学校の配属将校のほかに、部隊から派遣された将校が指揮した。学徒兵部隊での生活は、とにかく腹が減ってたまらなかった。米がなくて飯が足りないので、民家へ食糧を買いに行ったことを覚えている。トーチカの中には、牛肉・豚肉・果物などの缶詰が蓄えられていた。学徒兵たちはひもじさに耐えきれず、衛兵当番になった時に缶詰を盗ってきて同級生に分け、銃剣で缶詰の蓋《ふた》を開けて食べた。少しずつ盗ってきて食べているうちに、缶詰はみんな無くなってしまい、残っているのは袋詰めにした乾いた煎餅だけになってしまった。終戦間際になって、全員処罰されるとの噂《うわさ》が流れた。食べている時はよかったけれど、無くなってしまった時、みんな処刑されるのではないかと心配したという。

台中師範学校学徒兵たちは、終戦後八月中に学寮に帰り、九月には自宅に帰った。四五年一二月頃に、学校に戻るようにと通知があった。翌四六年三月から四月に、日本人生徒と教員のほとんどが引き揚げ、何名かの日本人教員だけが残っていた。

台中師範学校は本科三年だったが、一年で卒業になって四六年五月に台中市内の忠孝国民学校に訓導として赴任した。「日本教育だから、早く卒業させてしまおうという方針だったのだろう。」と、明徳は語る。

忠孝国民学校に三年間勤めて退職した明徳は、台北の貿易会社大信実業股份有限公司に勤めた。この会社に勤めている時に、明徳は忠孝国民学校教員時代に同僚だった林秀絹《りんしゅうけん》と結婚した。秀絹は、明徳と同じ一九二六年に台中州大星の地主の家に生まれ、親戚の家から学力の高い台中市和平公学校に通い、彰化高等女学校に進学した。彰化高女卒業後、彼女は製紙会社の事務職に就いたが、戦後は忠孝国民学校の教員として勤めていた。

明徳は台北の大信実業でしばらく勤め貿易業の知識を得て退職し、一九五〇年代初めに招徳貿易股份有限公司を設立した。二〇万台湾元の資金は、生家から援助を受けた。主に日本との貿易に力を入れ、浜松の渡辺商店からは楽器の部品、主としてピアノのピンを輸入し、三〇年間ほど取引を続けた。福岡の三笠化学工業株式会社からは農薬を輸入し、同社とも長く取引を続けた。ほかに、アメリカやドイツから農薬の原料を輸入した。大阪の日本電炉は東成区の大きな会社で、五五歳ぐらいから一四年間ほど比較的大きな取引をしていた。大阪へは何度も行って、社長と商談したという。浜松から仕入れていたピアノの部品は、台湾でピアノを組み立てている会社に売っていた。日本統治時代の教育で育ち、日本語で思考し日本社会の価値観を身につけた林明徳にとって、日本の会社と取引する貿易業は、日本国内で商売をしているのと同じ感覚であったという。なお、明徳の姉碧蘭《へきらん》は、彰化高等女学校を卒業して台中師範学校の講習科に一年通い、修了後に大雅国民学校准訓導として赴任した。一九四三年（昭和一八）頃のことである。明徳の長兄と次兄は、夜間中学に学んだという（二〇一〇年八月、一一年八月談）。

国立中興大学を七〇歳で定年退職した廖坤福《りょうこんぷく》は、木材力学・木材組織学専攻の教授であった。彼は台中農業学校での徳卿の先輩にあたる。

廖坤福が生まれたのは、一九二七年（昭和二）一月一六日である。台中州東勢郡東勢街の台中州職員の子に生まれた。父は廖阿霖《ありん》、母は劉扁《りゅうへん》といった。姉四人、兄一人の六人兄弟の末っ子である。廖家は、一二町歩ほどの土地を所有する地主でもあった。小作地だった田んぼの収穫の五割は、小作料として納めさせていた。日本教育を受けて育った廖坤福は、「戦前は赤包み（賄賂）などなかったのに、戦後はすっかり変った。」と言う。「若い人たちにはわからないようだが、中国文化になってからがらりと変わったのは忍びない。」と話す。

廖坤福が州立台中農業学校園芸科に入ったのは、一九四〇年四月である。張徳卿とは同年生まれだが、一月生まれの坤福は徳卿よりも一年上級生であり、徳卿は今も坤福を「先輩」と呼んでいる。徳卿は通学していたが、坤福は自宅が遠かったので入学後三年間は学寮に入り、四年生から下宿した。学寮は二階建てで新しかった。一二畳の一部屋に三、四人が入り、各部屋に室長を置くことになっていた。学寮生百余人のうち、十数名が台湾人だったが、台湾人は室長にはなれないという差別があった。学寮では毎週反省会があって、上級生に敬礼しなかった下級生は五年生に殴られた。坤福は幸い一度も殴られたことはなかった。学寮のご飯はどんぶり一杯しかなかった。副食は野菜や豚肉があって良かったが、ご飯が足りなかった。太平洋戦争が始まるまでは、毎週一回副食に刺身が付いいたが、開戦後は無くなった。朝食には味噌汁が付いた。

坤福が台中高等農林学校農林学科に入学したのは、四五年四月である。三月初め頃、台中高等農林学校の学生に動員があって、坤福たちは入学と同時に学徒隊に入れられた。同校の学生で編成された学徒隊は、一年生から三年生まで各学年六〇人ずつ一八〇人ほどの部隊であった。『台湾総督府及所属官署職員録』によると、台中高等農林学校には農学科・農芸化学科・林学科の三学科が置かれ、各学科三学年まで一学級ずつ三学級、合計九学級の編成であった。一学級の学生数は二〇人ほどだった。所在地は台中市頂橋子頭《ちょうきょうしとう》、学校長は従四位勲三等野田幸猪であった。教授は二三人、うち三人が台北帝国大学教授の兼務であり、助教授は七人だった。

学徒兵となった坤福は、平田統一教授の指揮下に入った。「平田先生は農芸化学科の教授で、中尉だったと思う。」と、廖坤福は回想する。学徒兵たちは、大肚山の麓にあった台中州大甲郡《だいこう》沙鹿《さろく》街沙鹿の沙鹿国民学校の講堂に寝泊りしていた。筵《むしろ》や藁《わら》を敷いて寝ていたので、虱《しらみ》が多くて困った。ドラム缶で湯を炊いて風呂にしていた。大肚山の山上には、深くて長い地下道が掘られていて、食糧が保管されていた。この地下道は、現在は台中県が史跡として保存している。山上の地下道まで物資を運び上げるのが学徒隊の仕事になっていた。

四月中に鉄部隊の山砲隊から十数名が派遣されて来た。坤福は初めは他の学生たちとともに麓にいたが、三週間ほどしてから抽出された一〇人（一年生八人、二年生二人）の一員として、山上に駐屯することになった。山上は平たくなっていて、小さな集落があり、板囲いだけの小屋があった。坤福たちは小屋で寝起きすることになった。部隊の兵たちは麓の国民学校にいた。演習の時に、山砲弾が入った箱と、砲身を運んだことがあった。山砲弾はもちろんのこと、それを入れる鉄箱もかなり重かった。山砲は分解して運んだ。山砲隊には軍馬が一〇頭ほどいた。指揮官は幹部候補生の中尉だった。とても人の良い将校で、中隊長よりも伍長の方が威張っているように見えた。

山上の民家の近くに小さな池があった。時々牛が入り、水は濁っていた。飲み水がないので、仕方なく池の水をドラム缶に入れて沈殿させ、上澄みの水を沸かして飲んだ。地下道には缶詰が蓄えられていたので、学徒隊の他の学生が盗って来て隠して食べていた。山上に駐屯して一週間ほどはよかったが、まもなく栄養不足で足に出来物が出るようになった。

山上にいた坤福たちは銃を持たず、シャベルを持っていた。米軍機が大肚山の山上に伝単を撒いたことがあった。伝単には、中国への台湾返還を記したカイロ宣言が刷られていた。それを見て、「あの国の人間になるのは嫌だと思った。」と言う。

八月一八日頃、伝令が山上に来たので沙鹿の本部に戻り、数日後にトラックで台中高等農林学校に帰った。学校に戻った学生たちは、野田幸猪校長の訓辞を受けた。野田校長の訓辞の中に、「日本は負けたのだから、蔣介石に便所を洗えと言われれば、君たちはそのとおりにしなさいという意味の言葉があった。」と回想し、「その潔さは財産を置いて引揚げた時の日本人の覚悟に通ずる立派な態度だった。」と廖坤福は語る（二〇〇九年九月二日談）。

なお、台中高等農林学校は終戦後、台湾省立農業専科学校となった。同校は、現在の国立中興大学の前身である。

廖坤福を訪ねた前の日に、張徳卿とともに簡慶璋《かんけいしょう》を訪ねた。張徳卿は簡慶璋と会うのはしばらくぶりだと言い、自宅近くまで行ってから連絡し、簡夫妻に迎えに来てもらった。簡慶璋は一九二四年（大正一三）一一月二〇日生まれ、妻の黄招《こうしょう》は一九二七年（昭和二）一月五日生まれである。

黄招は台北樹林《じゅりん》の生まれである。彼女の兄たちは、「戦前に日本で仕事をするようになったので、兄たちを訪ねて日本へ行ったことがある。」と言う。二人の兄淑済《しゅくさい》と進発《しんぱつ》は、戦後ずっと大阪難波に住んでいた。淑済は履物の仕事、進発は染物の仕事をしていたが、一〇年ほど前に亡くなった。淑済も進発も日本人と結婚し大阪で家庭を持ったのである。戦争中に台北にいた黄招は、空襲を避けて土城《どじょう》に疎開したという。

慶璋の父は、台中州大屯《だいとん》郡南屯《なんとん》庄の庄役場に勤めていた。慶璋は学校を出たあと、農業指導員として海南島に渡ろうと思い農業技術員訓練所に入った。訓練所を出てから台南州斗六《とろく》の大和拓殖に就職した。甘蔗を植えるために開墾していたという。月給は九六円だった。生家は相当の田畑を持っていたが、戦後の土地改革で収穫の配分が変わり、地主の取り分はわずかになったという。「地主の土地を取り上げて小作人にあげたので、我々は被害者となった。」と慶璋は言う。

第六章　製糖工場跡の出合い

二枚の写真

二〇一三年三月一五日に、国立台湾海洋大学海洋文化研究所の協力を得て、基隆《キールン》の同大学において国際シンポジウム「台湾と日本の戦前・戦後」を開催した。この日私は、「台湾の中の戦後日本」のタイトルで、台湾と日本での研究調査で得た写真資料を示しながら、戦前・戦後を生き抜いた台湾の人びとの人生を、激変する時代の中に位置づけ、その意味を問う研究報告を行った。会場に駆けつけたエミは、私の研究発表の証言者となった。

シンポジウム終了後、私はその日のうちに台南の製糖工場跡の調査に向かった。台湾南部には、かつて製糖工場が多かった。日本統治時代の製糖工場は、戦後どうなったのだろう。日本人が引き揚げたあと、職場にどんな変化があり、働いていた台湾の人たちはその後どのように生きたのだろう。戦前に製糖工場に働いていた人に会って話を聞くことは、もはや至難ではあるけれど、製糖工場跡を訪ねることは可能であった。

翌日、台南市麻豆区《まとう》南勢里《なんせいり》総爺《そうや》の総爺芸文センターを訪ねた。広大な製糖工場跡を整備した南《なん》瀛《えい》総爺文化園には、日本時代の製糖会社の社長宅や事務所、工場などの建物が保存され、文化活動と市民の憩いの場として活用されていた。

園内の石碑には、「台南県県定古蹟　麻豆総爺糖廠修復竣工誌」とあり、次のように記されている。

「麻豆総爺糖廠」、為南台湾重要糖業中心、原為日治時期明治製糖株式会社所属的第三工廠、昭和年間明治製糖株式会社台湾総公司遷移至此、台湾光復後・製糖転為国営事業・後改名為麻豆糖廠。

「麻豆総爺糖廠」は、南台湾における重要な糖業センターであった。元は日本統治時代の明治製糖株式会社第三工場である。昭和年間に同社の台湾本社がここに移され、戦後、統治権が中華民国に移って以後に、製糖業は国営事業となり、改名して麻豆糖廠となったというのである。

戦前に明治製糖会社の本社が置かれた麻豆の製糖工場は、戦後に台湾糖業公司に引き継がれた。まもなく「麻豆総爺糖廠」は、台湾糖業公司本部工場「南瀛糖場」と改称し、玉井《たまい》・湾裡《わんり》・三崁店《さんかんてん》など、日本時代からの数工場を管理した。麻豆は、旧台南市街から北へ車で一時間弱、三崁店は北東へ三〇分ほどのところに位置する。

三崁店といえば、日米開戦後の一九四二年（昭和一七）に台南陸軍病院からマニラの南方第十二陸軍病院（渡一〇六一二部隊）に派遣された陸軍看護婦の平田民子が住んでいたところである。

四二年一一月に台南陸軍病院から派遣されたナースは、平田のほかに門脇初代・持永美枝子・加川みどり・大城静子・春日恵美子の日本人六人と、黄玉緞《こうぎょくたん》・張雪霞《ちょうせっか》・戴金葉《たいきんよう》・陳素《ちんそ》・陳素梅《ちんそばい》・蔡月裡《さいげつり》・林月梅《りんげつばい》の台湾人七人であった。彼女たちは、戦争末期の四四年暮れに、ルソン島北部山岳地に、命に服して部隊とともに入った。飢えに苦しみ、鉄の雨降る激烈な攻撃にさらされながら勤務につき、傷病兵を看取ったのだった（大谷渡『看護婦たちの南方戦線――帝国の落日を背負って』東方出版、二〇一一年）。

平田民子の父は、熊本県の出身だった。台湾に移り住んだ当初は、台南市の消防署に勤めていたので、民子は市内の花園小学校に通った。卒業前に、父が大きな製糖会社の職員に転職したので、三崁店の社宅に引っ越し、田舎の小さな小学校に転校したという。これまでの私の研究調査の過程には、台湾南部にあった製糖工場がしばしば現れていて、製糖工場跡を訪ねることは必要不可欠な課題でもあった。

総爺芸文センターを訪ねた私の目にとまったのは、立派に保存されている社長宅でも事務所の建物でもなかった。文化園の中の運動場に沿うように設けられた小さな休憩所に、たまたま足を踏み入れた時、そこに無造作に貼られている幾枚かの写真の中の二枚に私の目は釘付けになった。一枚は一人の青年が写っている「糖堆」と書き込まれた写真であり、いま一つは楽団の演奏風景の写真だった。二枚の写真の所蔵者は「李徳樹」、撮影時期は「民国四〇年　民国五〇年」と記されていて、一九五〇年代から六〇年代初めに撮影されたものであり、麻豆総爺の製糖工場に勤めていた人の写真と思われた。この二枚の写真を休憩所の壁に貼った人に会えないものだろうか。芸文センターの職員に尋ねてもわかるはずもなかった。雲をつかむようなことに思われたが、持ち主を探せるかもしれないとの望みを胸に、南瀛総爺文化園をあとにした。

再び台南麻豆へ

麻豆の製糖工場跡を訪ねて九か月余り後、二〇一三年一二月二六日に、私は李徳樹に会うために、桃園空港から高速鉄道で台南に向かい、台湾鉄道台南駅に近いホテルに泊まった。翌朝、高《こう》俊明《しゅんめい》・高李麗珍《こうりれいちん》夫妻とともに、子息の車で李徳樹宅に向かった。「所在がわかりました。連絡を取ると、ぜひ会いたいとのことです。」との夫妻からの手紙を受け取ったのは、一〇月初旬だった。

麻豆の李徳樹宅に着くと、一家総出で私を迎えてくれた。その日はほとんど一日世話になって、思いがけない話を聞くことができた。三月に総爺文化園で見た「糖堆」の横に立つ青年は、若き日の李徳樹であり、楽団の写真にはホルンを吹く徳樹が写っていた。

李徳樹は、一九二九年（昭和四）一二月一四日に、台南州曾文《そぶん》郡麻豆街麻豆一六九一番地に生まれた。父李明《りめい》は、麻豆街で肉商を営んでいて比較的裕福だった。徳樹は末っ子で兄二人と姉二人がいた。一〇歳年上の兄李港《りこう》は、麻豆公学校高等科を卒業し、明治製糖会社の事務職員として勤務していた。

徳樹も麻豆公学校本科から高等科へ進み、一九四三年三月に麻豆北国民学校高等科を卒業した。本科二年生の時の担任は教員心得の和田フデエ、五・六年の担任は訓導の高村民雄、高等科は訓導の西村境が担任だった。一九四一年四月から、小学校・公学校は国民学校となったので、麻豆街の公学校は、麻豆北・麻豆東・麻豆西の三つの国民学校となった。このうち、高等科が併設されていたのは麻豆北国民学校だけであり、同校は初等科二〇学級、高等科二学級を擁する大きな学校だった(『台湾総督府及所属官署職員録』一九四四年一月一日現在)。

高等科二年生の時、神奈川県高座郡高座海軍航空廠で学びながら働く少年工の募集があった。学校では応募を奨励していて、担任の西村境もクラスの生徒に応募を呼びかけた。熊本県出身の西村境の父は、ダム建設の事務員として台湾に渡った時から麻豆に住んだ。同地に生まれ育った境は、麻豆小学校から台南師範学校に進み、卒業後は麻豆に帰って公学校の訓導となった。

「この先生は、とってもいい先生なんですよ。特に体育方面に秀でていた。柔道は黒帯、剣道は三段だった。」と、尊敬していた西村先生を徳樹は回想する。

「募集の時には、総督府の方から派遣された人が学校に来ました。」と、少年工募集時のことを徳樹は話し始めた。「日本では人手が少ないから、みなさんの力が必要なのです。」といった話とともに、詳しい説明があったという。

高座海軍航空廠少年工募集の内容は、台湾の国民学校で学ぶ少年たちには魅力的だった。衣食住の費用は要らず、給与があり、午前中に工業科の授業を受けて午後に工場で作業し、三年経てば工業学校の卒業資格が与えられるというものだった。だから応募者は多かった。すでに三年ほど前から、「数は少なかったけれど、先輩たちが高座海軍航空廠へ行っていた。」と徳樹は言う。

高座海軍航空廠少年工

徳樹たち応募者に対する選抜試験は、四三年一二月に麻豆街の公会堂であった。学力試験合格者は身体検査を受け、最終合格者が発表された。麻豆北国民学校では、百人ほどが受験した。徳樹のクラスでは一五人が受かった。四四年三月に卒業した徳樹たちは、四月に高雄州の岡山《こうざん》に集合した。岡山には軍用飛行場があった。簡単な宿舎が建てられていて、ここで台湾南部の各地から募集された少年工二千人ほどが部隊訓練を受けた。一か月後、夜行列車で基隆に向かい、浅間丸に乗船し三日後に神戸に着いた。「日米交換船だった浅間丸はとても大きかった。」と徳樹は話す。

台湾から募集された少年工は八千人にのぼった。高座海軍航空廠の寄宿舎には、当初四千人しか収容できなかった。残りの四千人は各地の軍需工場に分散されることになり、李徳樹は横須賀の海軍航空技術廠で六か月の訓練を受けた。午前中は機械の勉強をして、午後は現場で仕事をした。工場では、錨の帽章が付いた戦闘帽をかぶって、地元の日本人たちといっしょに作業に就いた。徳樹たちは、「見習工養成所生徒」という身分だったようである。横須賀から高座海軍航空廠に移ったのは、四四年の年末だった。

「雪が降ったんです。年末ですよ。終戦後に年をもう一度越したから、結局台湾に帰るまでに日本の四季を二回見たんですよ。」

そして徳樹は、「横須賀にいる時には米軍の攻撃はなかったけれど、高座に帰ってから空襲が始まった。」と言う。空襲警報があるたびに待避し、解除されると工場に戻って持ち場に就いた。三月一〇日の大空襲の時には、東京の空が真っ赤に燃えるのが見えた。

「空襲前には、日曜日に横浜の中華街へ行った。食料は配給制度で日本中が困っている時に、てんぷらとか、うどんなんかを買えました。僕らは腹をすかせていたので、よく中華街に食べに行った。」と回想する。

高座の台湾少年工の宿舎は、神中鉄道（現・相模鉄道）大和駅の北西にあった。高座海軍航空廠は座間町（現・座間市）と海老名町（現・海老名市）にかけて位置していて、徳樹たちは毎日三キロメートルほどを歩いて通った。朝から勉強して午後に工場で作業し、高等科卒業の者で日給八五銭だった。

工場には勤労動員の女学生が来ていて、お茶や弁当を配ったり、食器を洗ったりしてくれた。食料事情はだんだん悪くなって、しまいには豆かすになった。戦争が終わると、工場に出勤しなくてよくなり、徳樹たちの生活は日本人とは対照的に良くなった。

終戦、自治会、帰国

終戦と同時に、台湾人少年工の自治会ができた。軍隊式の訓練をうけてきた彼らの自治会は、よく統制がとれていた。中学校卒の台湾人少年工など、徳樹たちの指導者だった幹部が復員までの生活の維持と復員に向けての交渉にあたった。自治会では、中華民国国旗と「Formosa」の文字を配したバッジが作られ台湾人少年工たちに配られた。

「僕がいちばん大切にしている記念品を見せてあげましょう。」と言って、徳樹は小さな箱を取り出した。その中には、四つの徽章が入っていた。一つは高座海軍航空廠勤務時代の錨の帽章、いま一つは終戦直後に少年工の自治会が日本で作った「Formosa」の文字と中華民国国旗を配したバッジ、そして後に台湾で結成された元少年工たちの「高座会」、及び台湾高座台日交流協会のバッジが収められていた。

「高座海軍航空廠少年工」「自治会」「高座会」のバッジ

「少年工自治会のバッジは、終戦後の九月か一〇月頃に作ったんですよ。八千個も作ってみんなに配った。これを見せると、切符を買わずに電車に乗れた。することがないので、毎日東京へ遊びに行った。何千人もの子供が乗るので、そのうち宿舎の近くに臨時駅が設けられた。」と言って徳樹は笑った。

台湾少年工と乃木大将銅像、
右端李徳樹、江ノ島、1945年

東京は焼け野原になっていた。「日本人は食べるものがなくてかわいそうだった。」と、徳樹は当時を思い出して声をつまらせた。東京では、食べるために道端で持ち物を売っている人たちがいた。徳樹は初めて腕時計を買った。いい品物だった。台湾に持って帰って三〇年間使った。

小田急江ノ島線で江ノ島にも遊びに行った。乃木大将の銅像の前で、同期の少年工と撮った記念写真は、幾枚かの当時の写真とともに大切にしまわれていた。乃木大将の銅像は、その後いつの間にか行方不明になって、今は台座石だけが残っている。

「遊びに行くときには、握り飯の弁当を作ってもらった。」と、徳樹は言う。成田に行ったときには、寺の境内で芋を売っていたので、お腹いっぱい食べて帰ってきた。進駐した米軍との関係があって、台湾人少年工たちは戦後、神奈川県庁から優先的に食料をもらえたという。

終戦の翌年一月に、徳樹たちは下田で貨物船に乗って台湾に帰った。船員は日本人、管理は米軍のMPだった。MPが一五人乗り込んでいた。基隆から縦貫鉄道で番子田《ばんしでん》（現・隆田《りゅうでん》）まで帰り、明治製糖会社の社線に乗り換えて麻豆に帰った。

家に着くと父が喜び、徳樹を連れてあちこちの廟に参拝した。その途中で、「溝のごみ掃除をしている西村境先生に会った」という。引き揚げまでの生活のために、街の掃除をしていたのである。徳樹は涙がとまらなかった。

国民学校の同級生たちの中には、代用教員になった者が何人かいた。徳樹より成績はみんな下だったのに、日本人の引き揚げにともなう教員不足から職に就いていた。彼らは台南の夜学校での講習後に正規の教員となった。だが、日本帰りの徳樹には、政治的偏見が注がれていたこともあって、その機会は得られなかった。

製糖工場のポンプ組

しばらく家でぶらぶらしていた徳樹に、製糖会社の人事課に勤めていた兄李港が、会社の現場で働けるように計らってくれた。事務職には、戦前から勤めていた台湾人のほかは、日本人に代わって大陸から入ってきた「外省人」が就いたので、就職の余地がなかった。戦前から台湾に住んでいる「本省人」より事務能力が劣っていても、課長以上は「外省人」が占めたという。

「事務屋は全部国民党。だから私ね、歯を食いしばって現場に入った。」と徳樹は言う。現場の作業は、機械を扱う技術能力と経験が必要だった。だから、大陸から入ってきた人たちには、すぐにはこなせないという事情もあった。麻豆の製糖工場には百何台かのポンプがあった。エアコンプレッサー・真空ポンプ・液体ポンプ・注水ポンプなど、一切のポンプを現場のポンプ組が管

「糖堆」の前に立つ李徳樹、
麻豆総爺の製糖工場、1956年

理していた。入社して三年後に、徳樹はポンプ組の組長となった。

「あの時は、台湾製糖公司第三分公司だった。」と徳樹は言う。

「台湾糖業公司第三区支社」と称した麻豆総爺製糖工場が、支社の名を取って「総爺糖場」となったのは一九五〇年だったから、李徳樹が麻豆総爺の製糖工場に勤めたのは、日本から帰って二年ほど後のことであろう。それから四〇年間、徳樹は製糖工場の現場一筋に勤め上げ、一九八九年に定年退職した。

南瀛総爺文化園で私が目にした二枚の写真の一つは、砂糖の山の前に立つ李徳樹である。

「『糖堆』は、出来上がりの砂糖なんですよ。これは二階、『糖堆』の下に穴があって、穴からザーと袋に入るようになっているんです。」と説明し、彼は一九五〇年代に思いをはせた。

いま一つの写真、すなわち楽団の演奏風景も同じ時期のものである。徳樹はホルンを吹いている。楽団の後ろには、コーラスの女性が立っている。全員が麻豆総爺の製糖工場で働いている人たちであった。この製糖工場の音楽団は、戦前に麻豆公学校訓導として音楽教育に力を注いだ鄭《てい》丙三《へいさん》の指導に始まった。製糖工場の音楽好きの工員たちが集まってできたのである。まもなく彼

製糖工場の楽団、ホルンの奏者が
李徳樹、1950年代後半

は、この音楽団の指導を「善友管弦楽団」結成の主要メンバーとなった息子の昭明《しょうめい》に託した。

徳樹は、鄭丙三、照明父子について次のように語る。

鄭昭明は、音楽の天才ですよ。二二八事件の時に、台湾大学の機械科の学生だった。「白色恐怖」（国民党による思想弾圧）の時にね、宿舎を襲われて持っていたたくさんの本を全部盗られたんですよ。それで故郷の麻豆に帰って来て、ある日こっそりと母校の国民小学校の音楽教室に入って、一人でピアノを弾いていた。ショパンの曲を弾いているのが校長室に聴こえてきた。校長だった父丙三は、誰が弾いているのだろうと思って窓から覗いてみるとわが子だった。あまりのすばらしさに、びっくりしたということです。鄭丙三先生は、公学校の時の僕らの音楽の先生だった。

一九三七年（昭和一二）七月現在の『台湾総督府及所属官署職員録』には、「麻豆公学校　曾文郡麻豆街麻豆　本科高等科二〇学級」とあり、訓導の中に「鄭丙三」の名がみえる。校長は、茨城県出身の「本田四郎」だった。鄭丙三は麻豆公学校に長年勤めたことは確認できるが、国民学校になってからの職員録に彼の名は記されていない。徳樹の回想によると、終戦後日本人が引き揚げたあと、鄭丙三は麻豆国民小学校の校長になったようである。

「善友管弦楽団」

「善友管弦楽団」の結成は、京都帝国大学医学部を卒業して外科医となった蘇銀河《そぎんが》が、終戦の翌年に台湾に帰り、台南善化の友人林森池《りんしんち》を訪ねたことがきっかけとなった。蘇銀河は、台北高等学校在学中に巌脇四郎教授にクラリネットとセロを学び、京都帝大在学中に大学のオーケストラで第一クラリネットを担当していた。台湾に帰った蘇銀河が巌脇教授を訪ねたところ、台湾を引き揚げる直前とのことで、蘇は巌脇が愛用していたセロとビオラを各一本ずつと、長年にわたり巌脇が収集してきた楽譜のコレクションを譲り受けたという。

林森池は、台南第二中学校から台南高等工業学校（現・国立成功大学）に進み、卒業後に台北帝国大学農学部馬場為二教授の醸造学研究室に勤めた。音楽愛好家だった林森池は、同研究室勤務時代に台北高校巌脇教授主宰の「台北弦楽団同好会」に参加していた。終戦後しばらくして林森池は、台北を去って故郷の善化に帰るにあたり、バイオリン三本と、セロとビオラ各一本ずつを購入して持ち帰っていた。

終戦の翌年春に、台南に帰った蘇銀河が友人の林森池を訪ねたことによって、台南市郊外の田舎町善化に当時の台湾にあっては最も完全な楽譜と、セロ二本、ビオラ二本、そして数本のバイオリンが集まったのである。林森池は弟耿清《こうせい》を加えて、自身はバイオリン、友人の蘇はセロ、弟耿清はビオラを担当し、楽譜を研究して練習を開始した。一九五〇年には、京都帝大で工学を修め、当時台南工学院教授でピアニストでもあった温文華《おんぶんか》が加わり、温の紹介で後に善友楽団の主要幹部となった鄭昭明が参加した。仲間の紹介で楽団員が集まり練習を重ね、一九五一年七月一五日に第一回演奏会が台南市の市立中学大礼堂で開催され、善友管弦楽団が発足した。「善友」の名称には、「善意に満ちた友人の集まり」と、「善化において発足した」という二つの意味が込められた。

一九五五年頃に林森池が日本語で記した「善友管弦楽団成立経過懐古談」は、五〇年後に弟林耿清によって、『荒漠楽音——善友楽団風華』（允成化学工業股份有限公司刊、二〇〇五年）に収められた。私の手元にある同書は、二〇〇六年夏から二〇〇八年春にかけて、研究調査で台南善化の林耿清・林鄭艶香夫妻を訪ねた折に、夫妻から寄贈されたものである。

数年を経て、麻豆総爺の製糖工場跡で偶然目にした楽団の写真が、再び善化の林耿清につながるとはまことに不思議なことであった。高齢であった林耿清夫妻には、今はもう会うことができない。林耿清とその妻鄭艶香については、拙著『台湾と日本——激動の時代を生きた人びと』の「第八章　戦争の記憶と体験」に、「台南善化の実業化」「台南高等工業へ進学」の小見出しで詳述している。

なお、善友管弦楽団の主要幹部となった麻豆出身の鄭昭明は、戦前に台南第二中学校を卒業し戦後台湾大学工学院に進んだ。音楽の天才と言われ、台湾南部のいくつもの交響楽団を指導した鄭昭明の経歴は、『永恒的楽章　鄭昭明先生紀念文集』（二〇〇七年刊）に詳しい。

徳樹の話によると、麻豆製糖工場の音楽団員は、後に善友管弦楽団に合流して練習に励んだようである。夜遅くまで練習した後、允成《いんせい》化学工業会社の経営者だった林耿清が楽団員を麻豆まで車で送るように計らってくれたという。「林耿清夫妻には、数年前に研究取材でお世話になったのですよ」と告げると、「そうでしたか。」と言い、「善化の林家は、丸林《りん》と呼ばれ知らないものがないほどです。」と徳樹は付け加えた。

徳樹の妻のこと

徳樹の妻謝妙《しゃみょう》は、いつもにこにこして、「簡単だけれど、お昼ごはんを食べて行きなさい。」と、もてなしてくれる。「午前中、早い方がよい。」と促されて訪問し、結局夕方まで世話になる。

「これは麻豆の小籠包、こちらは茶碗蒸し、そしてスープ」と説明しながら、「もっと食べなさい。」と勧めてくれる。食事のあとの取材中にも、台湾の果物を幾種類も皿に並べて勧めてくれる。

徳樹と謝妙が結婚したのは一九四七年だった。親が決めて見合いをした。徳樹は「見合いの相手を盗み見に行った。」と言う。謝妙は麻豆の南西六キロメートルほど離れた北門郡西港《さいこう》庄に、一九三〇年（昭和五）一月一〇日に生まれた。父は謝進福《しんぷく》、母は黄草《こうそう》といった。かなりの農地を所有する裕福な農家だった。兄二人、姉二人、妹が三人いた。

田舎の西港庄では、男の子は就学させても、女の子を公学校へ行かせる家は少なかった。だが、謝妙の姉妹はみんな公学校に行かせてもらえた。次兄は公学校を卒業して農業学校に進学したという。「北門郡にあった三年制の農業学校」とのことだから、佳里《かり》にあった「北門国民農学校」のことであろう。同校には農科が置かれていた。次兄はずっと後に西港鎮の村長を務めたという。西港鎮は今は台南市西港区となっている。

謝妙は台南州西港庄の西港公学校に入学した。入学当時は各学年一学級六〇人編成だった。クラス六〇人のうち、女子は六人しかいなかった。四一年の国民学校令によって、同校は後営国民学校と改称し初等科九学級となった。五、六年の担任は池田武士で福岡の出身だった。校長には西港公学校時代からの訓導光平鋙六が就任していた（『台湾総督府及所属官署職員録』）。謝妙は、校長の名と五、六年の担任の名をよく覚えている。

「池田先生は、六人の女の子にとてもやさしかった。特別に可愛がってくれた。」と言い、戦後かなりたってから、「同級生といっしょに、福岡に先生を訪ねた。」と話す。

公学校（国民学校）の時、先生の引率で害虫駆除の奉仕をしたことが印象に残っている。北門の道路の並木には害虫がたくさんいて、畑の作物を食べるからである。並木は松によく似た葉を持っていたが、形は針のようでも葉は柔らかかった。天長節には、学校から歩いて、北門郡の佳里にあった神社へ参拝した。先生の号令で、二礼二拍手一拝したことを覚えている。そして、北門郡の田舎から出征する兵士を、日の丸の小旗を振って見送った。

第七章　二つの苦難を越えて

牧師の娘

終戦の前年、李麗珍《りれいちん》の父許水露《きょすいろ》はスパイ容疑をかけられ、日本警察に拘引されて獄中での生活を強いられた。兄許宗哲《そうてつ》は戦後の二二八事件で、中華民国軍の発砲によって殺された。日本の敗戦を挟んで、二つの大きな不幸が麗珍の家族を襲った。

麗珍は、一九三二年（昭和七）八月一九日に、高雄の旗後《きご》に生まれた。旗後は戦後中華民国政府になってから、旗津《きしん》と地名変更されたが、土地の人たちの間では今でも旗後で通じている。麗珍の父許水露は、キリスト教長老派の旗後教会の牧師だった。母は陳金杏《ちんきんきょう》といった。夫妻には一一人の子が生まれ、一〇人が育った。麗珍は次女で、姉一人と兄一人がいて七人の妹がいた。

幼い時、麗珍は母方の伯母夫婦の養女となった。養父は李識情《しきじょう》といい、当時はまだ牧師の資格がなかったけれど、伝道に携わっていた。養母となった伯母の名は金梅《きんばい》といった。養女に入った時、養父李識情は白河教会で長老として奉仕していた。学齢期を迎えた麗珍は、竹子門《ちくしもん》の公学校に入学し、三年生を終えるまでそこで学んだ。台南州新営郡白河庄竹子門にあった公学校は、海豊厝《かいほうさく》公学校の分教場だった。本科一学級の小さな学校で、台湾人訓導が一人教えていた（『台湾総督府及所属官署職員録』一九三七年七月一日現在）。

四年生からは、養父が新しい伝道地の関子嶺《かんしれい》に引っ越したので、同地の公学校に転校した。国民学校初等科六年生の時、関子嶺国民学校の海老原校長は、麗珍の高等女学校への進学準備を熱心に手伝ったが、養父が空襲を心配して「危ないからよしましょう。」ということになった。

海老原幸校長は高等科にだけでも行かせてはと勧めた。だけど関子嶺国民学校には、高等科が併設されていなかった。麗珍は、「白河国民学校までバスで通わなければならなかった。」と言う。関子嶺からバスで一時間ほどかかる白河は、台南と嘉義の境に位置していて、農作物灌漑のために造られた白河ダムがあった。

麗珍がバスで通ったと言う「白河国民学校」とは、「白河西国民学校」のことと思われる。新営郡白河街には二つの国民学校があって、「白河国民学校」は初等科二学級だけで高等科が無く、「白河西国民学校」には初等科二二学級と高等科一学級が置かれていたからである（『台湾総督府及所属官署職員録』一九四四年一月一日現在）。

麗珍は、高等科に通った頃を思い出す。

一時間かけて行っても、空襲警報があって勉強はほとんどできなかった。警報が解除されると、そのまま下校になった。

先生の引率で、台湾語でピーモアという実を取る作業もあった。栗のような刺《とげ》があるけれど柔らかい。この実の種から油を取り飛行機の油にすると聞きました。それから、大葉子の採集もありました。兵隊さんが訓練で倒れた時に、黒砂糖と混ぜて飲ませるとよいということでした。

私は車酔いが激しくてバス通学が負担な上、学校へ行ってもほとんど勉強できない状態だったので、休む日が多くなりそのまま高等科をやめてしまいました。

父の拘引

終戦の前年、一九四四年（昭和一九）に、麗珍の実父である許水露が警察に拘引された。教会の近くに寿山《じゅざん》という小さな山があって、そこに日本軍の司令部が置かれていた。許水露が牧師を務める教会は三階建てだった。付近には、教会を除いて三階建ての建物はなかった。教会の信徒たちの中の年老いた女性たち幾人かが、夜にロウソクを灯して教会の三階に上り、早く戦争が終わりますようにと祈祷していた。

灯火管制下にあって、老女たちのロウソクの灯が窓から漏れ、憲兵に見つけられた。憲兵に灯火漏れを注意された数日後、旗後教会の牧師宿舎にいた麗珍の父は、夜中に目隠しされて警察に拘引された。スパイ容疑で取り調べを受け、そのまま拘留された。戦争のもっとも激しくなった時期だったというから、米軍による台湾への本格的空襲が始まった一〇月以降、四四年一一月から一二月のことと思われる。

半年ほど留置された麗珍の父は、戦争が終わる前に証拠不十分で釈放された。実の父許水露が警察に留置されていた間、実母金杏が夫に代わって礼拝や説教、日曜学校のことなど、教会の勤めをこなした。姉妹教会の牧師も長老も、怖がって手助けには来てくれなかった。幼い子供を何人も抱えた金杏は、子供の世話に手が回らないため、二人を麗珍の養母に、一人を別の姉妹の家に預けていた。父が釈放されてから、母は七番目の妹を身ごもり終戦の翌年に出産した。女の子だけれども、日本に勝った勝利の恩恵という意味をこめて勝恩と名付けられた。この妹の名前の由来を話しながら、麗珍は次のように言う。

私たちはね。やはりあの時は、早く戦争を終ってほしいと願っていた。台湾が日本によって統治されている。そういうことから、内心は早く自立したいという思いを持っていた。だから終戦は、台湾が日本の統治から脱する勝利を意味した。台湾人の中には、その時中国が悪い人であるということを知らなくて、祖国に帰りたいという人もいた。だけど帰ってみたら大変だった。やっぱり日本がいいと言うんですよね。

終戦後、麗珍は日本時代の高雄高女、すなわち女子中学校を受験し、実の父母のもとから初中二年の二学期まで通った。学期中は実の親のもとにいて、休みの時だけ養父母のもとで過ごした。高雄の父母のもとで初中に通っていた時期に、二二八事件の悲劇が彼女の家族を襲った。

二二八事件の犠牲者

二二八事件は、一九四七年二月二七日に台北市内で闇煙草を販売していた一人の女性を中華民国官憲が殴打し、無関係の市民を射殺したことが発端となった。翌二八日から台北市内の本省人（台湾人）によって始まった抗議行動は、たちまち南部諸都市に波及した。台湾を統治下においた中華民国の強圧的政治と官憲の不正、横暴に不満をつのらせていた台湾民衆は、自らの政治的権利を求める抗議行動を展開した。大陸の中華民国政府は軍隊を増派し、武力によってこれを徹底的に弾圧した。国府軍の発砲によって殺害され、あるいは拘引されて処刑された台湾本省人の犠牲者数は二万八〇〇〇人ともそれ以上とも言われている。発令された戒厳令は、四〇年後の一九八七年になってようやく解除された。

麗珍の兄許宗哲が殺されたのは、一九四七年三月六日だった。高雄中学校の高中一年生だった宗哲は、二人の従兄とどこで会ったのかわからないが、射殺された三人の遺体は、他の遺体とともに高雄市内を流れる愛河の河岸に置かれていた。二人の従兄のうち一人は、母の三番目の姉の息子洪雲華《こううんか》で高雄の工業専門学校二年生だった。いま一人は母の二番目の姉の息子で、楊栄州《ようえいしゅう》といった。楊栄州は学徒兵として南方に出征し、終戦後しばらくして無事台湾に帰ってきたという。

「助かったと思ったら、今度は二二八事件で殺された。」と麗珍は言う。母たちの話によると、南部屏東《へいとう》に生家がある楊栄州は、この時高雄に職を探しに来ていたという。河岸に死体が置かれ

二二八事件で射殺された李麗珍の兄許宗哲（高李麗珍氏提供）

ていた日のことを、麗珍は次のように回想する。

あの時は戒厳令でね。父は家に帰ることができなかった。兄たちはどこで殺されたのか知らないけれど、遺体は高雄の愛河の河岸に置いてあったのです。教会の女の牧師さんと長老さんの娘さんが、女性を代表して司教さんから赤十字会の旗をもらって、救済に出て行ったんです。生きている人はいないかと探しているうちに、私の兄たちを見つけて知らせてくださった。その時、身内では三人の青年が犠牲となり、同じ教会では、日本留学の高安義《こうあんぎ》という私の音楽の先生、結婚して間もないですけど、その音楽の先生の旦那さんも殺された。国府軍の高雄の司令部に談判に行った人たちが帰って来て、発表するというので議会に集まっていた議員といっしょだったそうです。談判がやぶれると軍隊がすぐに下りて来て、議会の方でやたらに銃撃した。あの時に、私の音楽の先生のご主人も殺された。音楽の先生は、同じ教会の信徒だったので私の家族とも親しかった。ご主人が殺された時、先生のお腹には赤ちゃんがいた。

愛河の岸辺に置かれていた遺体は、高雄市前金の前金キリスト教会の長老が用意した棺に納められた。麗珍の兄許宗哲と二人の従兄、音楽の先生の夫、他に二人の青年の遺体を納めた六つの棺が前金教会に運ばれた。知らせを受けて、前金教会に駆け付けた麗珍の母の話によると、鉄砲の弾が後ろから前に貫いていて、教会に置かれた棺から床にいっぱい血が流れ出ていたという。

手当をすれば助かるのではないかとの思いを胸に、前金教会に向かった母ではあったが、そこには変わり果てた息子の姿があった。ミッションスクールの長栄中学校から高雄高中に進んだ許宗哲は、まだ一年生だった。幼さの残る兄の写真が、今も麗珍の手元に残されている。

遺体が棺に納められたのは、葬儀の前夜だった。葬儀といっても公にはできず、それぞれの家族だけに知らされて、密かに前金教会で執り行わねばならなかった。六つの棺が並べられ、密かに行われた前金教会での葬儀の様子は、『見證時代的恩典足跡——高李麗珍女士口述実録』（台湾神学院出版社、二〇一〇年）に、「二二八痛失兄長」の小見出しで記されている。

この葬儀の時に、麗珍は兄の遺体と対面した。兄が亡くなってから、麗珍の母は男の子がほしいと言って一一人目の子を出産し、男の子だったが九か月で夭逝した。二二八事件後の家族の様子について、「あの時は壁に耳があって、どんなことがあったかなんて、まったく話せなかった。」と麗珍は語る。

事件の検証

二二八事件の犠牲者について、おおっぴらに話せるようになったのは、一九八八年に李登輝が本省人として総統に就任して以降のことであった。

李麗珍は、「台湾大学の教授だった林茂生《りんもせい》さんが連行されてそのまま帰って来なかったことはよく知られていることだけど、連れて行かれたまま、未だに死体も分からない人たちが何人もいるのですよ。」と言う。「林茂生さんの息子さんがアメリカから台湾に帰って来て、いっしょに犠牲者を探すことになった。」とも述べ、次のように語る。

博士（林茂生の息子）が帰って来て、私と何人かを集めてね、被害者を探していきましょうと言って、そして政府とね、あの時は李登輝先生が総統に就いたので、政府と話し合いましょうということになった。

二二八事件の被害者は、みんな隠れていたのです。同じ職場にいても、お互いに被害者とは言わなかった。それで、北部から車で基隆・台北・宜蘭・彰化・嘉義・台南・高雄・屏東と被害者を探していく取り組みから始めた。

最初は怖がって、なかなかよう出て来ないんです。台湾人が県長になっている場合は、その県長に相談して被害者を探してもらった。町や村から被害者が出ていないか調べ、被害者が出ていればその人達や遺族を集めて励ました。

台南では、「白色恐怖」と呼ばれる思想弾圧の犠牲者に会った。乞われて一晩泊めた客が、翌朝出立した時に忘れて行った本が社会主義に関するものだったので、宿泊させた家の者とその関係者が拘引されて火焼島（緑島）送りになったというのである。

被害者への補償について、政府との折衝が進められた。帰って来ない人たちの遺体はどこにあるのか、調査してほしいという要望も出された。遺体については、「どこそこに埋められた」とか、「海に投げ込まれた」とか、噂話のような情報ばかりでわからなかった。補償については、「賠償」にするか「慰め金」にするか、政府と被害者がその名称で対立した。被害者家族は「賠償」を主張したが、「賠償」というと政府が間違っていたことになるので、政府はこれを認めなかった。結局、李総統がその当時の政府にかわって謝る形を取り、被害者に「慰め金」が支払われることになった。

二二八事件の犠牲者遺族の一人である李麗珍は、当時の様子を語りながら、「何度も政府と話し合って、やっとたどり着いたのが、殺された人一人について、その遺族に六〇〇万円（台湾幣）の慰め金が支払われることになった。」と言い、「この時以降に、自由と人権の視点から、二二八事件を記録する記念館や記念碑の建設が進められた。」と述べて具体事例を挙げた。

日本への留学

二二八事件後に、麗珍の父許水露は彰化の長老教会の牧師となった。高雄から彰化への家族の引っ越しにともない、麗珍は彰化女中（日本時代の彰化高女）に転校した。初中二年の二学期だった。ここで二年生と三年生を終え、高中に進んで一年生を終えたあと、二年目に日本のミッションスクールの高等学校に留学することになった。

台湾が日本の統治下にあった時代に、台湾の教会と日本の教会は密接な関係にあった。台南の長栄中学校と長栄女学校は、長老教会の学校であり、戦時中には日本の長老教会から校長や教諭が派遣されていた。麗珍の姉が長栄女学校に通っていた時の校長は番匠哲夫といい、父許水露と知り合いだった。番匠哲夫校長は、戦時中に名古屋のミッションスクール金城学院に帰ったという。この金城学院に、戦後に麗珍が留学することになったのには、教会関係の奇しき縁があったようである。

麗珍の日本留学は、彼女の父が二二八事件を経て高雄の教会から異動となった彰化の教会に、「スカンディナヴィアン　フリークリスチャン　ミッション」のノルウェー人女性宣教師キーステン・ハーゲンが訪れたことが、直接的契機となった。

ハーゲンは、ノルウェーの宣教団の一人として中国大陸で伝道に携わっていたが、大陸が共産軍に占領されたので台湾に移動していた。宣教団のノルウェー本部では、台湾には教会が多いことから本国への帰還を促した。だが、ハーゲンは「アジアのために献身した以上は帰国しない」との決意を持っていて、教会が少ない日本で伝道することにした。

日本伝道に向かう前に、ハーゲンは麗珍の父に相談し、麗珍とその妹を伴い、彼女たちを日本で勉強させるように勧めた。麗珍たちは、独身のこの女性宣教師をミス・ハーゲンと呼んで慕った。ハーゲンは、日本での伝道地を定めるために先に日本に向かい、しばらくして麗珍たちを呼び寄せることにした。麗珍たちの留学先は、ハーゲンの伝道地が東京近辺であれば青山学院、名古屋であれば金城学院とのことだったが、ハーゲンの伝道地が尾張瀬戸と定まったので、麗珍と妹は名古屋の金城学院高等学校に留学することになった。食費など生活費はハーゲンが負担し、学費だけを姉妹の親が支払った。

二つ下の妹許麗娟《きょれいけん》は金城学院高校の一年生に入り、麗珍は二年生に入った。台湾と日本の学期が異なるので、妹は少し早くなり、麗珍は遅くなって一学年の差となった。一九五三年三月に高校を卒業した麗珍は、金城学院大学短期大学部文科英文科に進み、一九五五年三月に同短大を卒業し、あわせて中学校英語教諭の免許も取得した。金城大学短期大学部の「昭和三十年三月十七日」付「卒業證書」には、「台湾省　李麗珍」とあり、愛知県教育委員会の同日付「中学校教諭二級普通免許状」「外国語（英語）」には、「本籍地　台湾」と記されている。

金城学院大学短期大学部卒業時の李麗珍、1955年３月

麗珍は短大卒業後尾張瀬戸での伝道に携わり、二年後に帰国して牧師の高俊明と結婚した。高俊明は、一九五二年に台南神学院を卒業し、結婚当時、台湾山地の伝道に情熱を注いでいた。

麗珍は、短大卒業まもない時期に養父が病に倒れ、一時台湾に呼び戻されたことがあった。その時に、彼女は嘉義《かぎ》の斗六《とろく》にあった伯父の教会に、日本語の通訳として呼ばれた。伯父の教会には、山地の先住民の人たちがたくさん来ていた。日本語を上手に話せない伯父は、台湾語で説教していたが、山地の人たちには通じない。日本統治時代に教育を受けた台湾先住民の人たちは、日本語は解したが、台湾語は通じなかった。

伯父の教会で先住民信徒たちに接した麗珍は、彼らが歌う讃美歌の純粋で圧倒的な力に感動したという。人の紹介と勧めがあったとはいうものの、山地伝道に注ぐ情熱こそが、俊明と麗珍を結びつけたのであった（二〇一三年九月一九日、一二月二七日談）。

蔡培火を頼って

高俊明は一九二九年（昭和四）六月生まれだったから、麗珍より三歳年上だった。台南市に生まれた俊明は、戦中に東京の小学校に転校して中学校に進み、終戦後まもなく台湾に帰り、神学院を出て伝道生活に入った。

俊明の父は、台南市内の州庁舎近くで再生堂医院を開業していた。市内の末広公学校に入学した彼は、五年生の時に母方の伯母の夫だった蔡培火《さいばいか》を頼って東京柏木の小学校に転校した。蔡培火は教育者であるとともに、「台湾の幸福」を求める政治的、社会的運動に大きな役割を果たした著名人であった。一九三七年（昭和一二）九月刊の『台湾人士鑑　台湾新民報日刊五週年紀念出版』は、蔡培火について次のように記している。

蔡培火の居宅で、中央蔡培火、右から２人目高俊明、東京、1939年（高俊明氏提供）

明治二十二年五月二十二日、蔡然芳《ぜんほう》ノ四男トシテ北港郡北港街北港ニ生ル。明治四十三年三月台湾総督府国語学校師範部ヲ卒業後数年間公学校ニ於テ教鞭《きょうべん》ヲトリ、後上京東京高等師範学校ニ入学シ大正八年東京啓発会幹事、同九年新民会幹事、同三月高師ヲ卒業ス。同年東京ノ同志ヨリ組織セル台湾青年雑誌社（台湾新民報ノ前身）ノ主幹トシテ、雑誌台湾青年ヲ創刊シ、其ノ発行兼編輯《へんしゅう》ノ任ヲ兼ネテ同十一年同雑誌カ「台湾」ト改題株式組織ニ変更スルニ当リ、台湾島内ニ於テ創立委員兼主事ニ推サレ台湾支局主任ニ転ス。其後台湾文化協会ノ専務理事、台湾議会期成同盟会理事、台湾議会請願委員、文化協会分裂後台湾民衆党顧問、台湾新民報社取締役等政治及社会運動ニ全力ヲ尽シ、台湾社会運動ノ先駆者ノ一人タリ。又台湾ノ社会改良ヲ目標トスル美台団ヲ組織シ、且ツ台湾特殊ノローマ字運動ニ熱中シ、当局ニ普及許可方願ヒ出シタルモ許可サレス。昭和十一年東京ニモ居ヲ構ヘ、子女教育ノ傍ラ著作ニ全力ヲ傾ケツツアリ。趣味ハ音楽、絵画、運動。

続いて、蔡培火の「家庭」について、次のように記している。

長女淑慧《しゅくけい》（二四）帝国音楽学校（ヴァイオリン科）卒業、家庭ニアリ。次女淑文（二〇）台南長老女学校ヲ経テ目下東京女子医専在学中。三女淑姈（一八）東洋英和女学校在学、パブローバ女史ニ就キ舞踊研究。四女淑埕《しゅくてい》（一四）女子経専高女在学。五女淑敉（一二）、次男敬仁（九）、六女淑皜《しゅくこう》（六）。

蔡培火の自宅は台南市幸町二ノ四一にあったが、右の文中にみられるように一九三六年（昭和一一）から東京にも居を構え、ここに台湾の親族の子弟を預かって学校に通わせた。高俊明が一九三九年に東京の小学校に転校してまもなく、蔡培火を真ん中にその居宅で従兄弟たちといっしょに撮った写真が俊明の手元に残っていて、のちに慈恵医大に進んだ母の弟侯書宗《こうしょそう》、蔡培火の息子敬仁らが写っている。

なお、前にあげた文中にみえる『台湾青年』『台湾』『台湾民報』、及び「東京啓発会」、「新民会」「台湾文化協会」「台湾民衆党」については、大正から昭和にかけての台湾文化運動、すなわち「台湾の幸福」を求める運動との関連で、前掲の拙著『台湾と日本——激動の時代を生きた人びと』の第四章に、「『台湾青年』の発刊」「『台湾文化協会』の分裂」「文化運動と女性論」「『台湾民報』とフェミニズム」などの小見出しで詳述している。

戦中の東京で

東京の小学校に転校した俊明は、一九四一年（昭和一六）三月に尋常科卒業後中学生になるはずだったが、すぐには中学校に進めなかった。「その頃私は勉強が嫌いで、どこを受験しても受からなかった。」と、高俊明は言う。

それで、「青山学院第二中学」と呼ばれていた夜学校に入って、一年間受験勉強に取り組んだ。三年制だった夜間中学には、向学心に燃える勤労青少年たちが通っていた。「昼間働いて、そして夜に、疲れ切った体を励まして一心に勉強する彼らの姿に接し、初めて勉強の大切さを知った。」と彼は語る。

翌年、青山学院中学校に入った俊明は、母の弟侯全成が東京洗足池近くで購入した家に三人の従兄弟といっしょに住んだ。その当時を彼は次のように回想する。

叔父の侯全成は、もともと台南で医者をしておりましたが、戦後は台湾省の委員を務め、のちに嘉義市長になりました。

戦時中、私たちのために東京に来ましたが、空襲が激しくなったので台湾に帰りました。洗足池近くは高級住宅がたくさんありました。空襲で周囲は何軒か焼けましたが、そこは被害がなかったので、戦後叔父が売却しました。

東京で通学していた私たちは、「家政婦」として雇われた台湾の女性に、掃除や食事の世話をしてもらっていました。「家政婦」といっても、当時の台湾の習慣で「養女」と呼ばれた女性です。貧しい家の少女が親に渡すお金と引き換えで引き取られ、「養女」として住まわせて家事などに従事するという習慣が当時はまだ残っていました。

青山学院中学校の生徒だった戦争末期に、俊明には信仰上の大きな出会いがあった。仲のよいクラスメートに誘われて、自宅で毎日曜日午後に学生たちを集めて「聖書の会」を催す開業医宅を訪ねるようになった。夫妻は世田谷にあった賀川豊彦が牧会する教会の信徒だった。アメリカ留学の経験があったその妻の斉藤エマはとても熱心で、聖書の話をしたり、讃美歌を歌ったりし、学生たちと食事をともにして導いた。戦後台湾に帰って伝道を志した時、俊明は貧しい人びとのために身をささげようと決意したという。

戦争末期には、勤労動員で東京湾の近くにあった日本特殊工業会社（日特）へ行った。当時、機関砲を作っていて、俊明たち中学生は部品のヤスリがけをしたという。毎日のように空襲があり、その頃になると勉強はほとんどできなかった。玉音放送は「日特」で聴いた。終戦のあと学校に戻り翌年まで東京にいたが、「台湾が懐かしくて、早く帰りたくてたまらなかった。」と言う。中学校は中途退学して、台湾行の大久丸という貨物船に乗った。荷物を積まないと喫水線まで沈まないので、船倉に砂利が入れられた。乗客はみんなその上に寝転がっていたという。

台南に帰ってみると、三階建てだった父の再生堂医院は空襲でやられていた。住んでいた家も爆撃でやられていて、実家は破産状態になっていた。

　戦後再び日本を訪ねたのは、玉山神学院の院長になってからだった。東京町田に設けられた日本キリスト教団の農村伝道神学院で一年間勉強した。アジアの国々の神学生や牧師たちを集めて訓練していた。神学はもちろん農業もここで学んだ。

玉山神学院の礎

　玉山神学院は、花蓮《かれん》鯉魚潭《りぎょたん》の山中における高俊明夫妻の開拓伝道によって、その基礎が築かれた。鯉魚潭にはバイクも通れない山道しかなかった。ここで俊明は、神学院を開設して先住民に対する教育に力を注いだ。午前中は神学などの授業を行い、午後にはどんな日でも休まず、雨が降っても嵐になっても山地の開拓に従事した。道を開き、タンクを作って山から水道を引いた。建築や農業も山地の神学生たちに教えた。

　最初は、日本統治時代に学校教育を受けた年配の男性が神学院に入った。だから授業は日本語で行われた。やがて北京語で教育を受けた若い人たちが入ってきた。先住民の男性の学生が次第に増え、のちには女性の学生も受け入れた。玉山神学院に学んだ学生が、それぞれの村で礼拝式に臨む時には、各部族の言葉で村人を導いた。

　俊明の妻麗珍は、「ここで子供を育てました。当時は何もなかったので、本当に苦労しました。」と言い、次のように語る。

初めの頃、私は日本語で英語を教えていました。女性には、料理など家政科も教えました。今は、女性も牧師になっている人がいますよ。

私たちの娘は、先住民部族の一つパイワン族の男性と結婚しました。現在、娘婿は大学でパイワン語を教えています。

高俊明・麗珍夫妻の山地での伝道は、一九五〇年代後半から七〇年代前半にかけて十数年の長い年月にわたった。玉山神学院からは、多くの神学生が育ち先住民の信徒は急増した。伝道当初には、土地もなければ校舎もなく、経済的にはゼロの状態だった。だが後には、山地における信徒の増加を知った各国の教会から支援があり、鉄筋コンクリート造りの立派な校舎が鯉魚潭に建てられた。

戦時下に青山学院中学校の生徒だった俊明は、学生たちが集まって聖書を読む「家庭礼拝」の会への参加を通して信仰を深め、戦後台湾に帰って神学校に学び山地伝道を志した。妻の麗珍は、金城学院の高校と短大に学び、卒業後はキーステン・ハーゲン宣教師の下で愛知県瀬戸地方の伝道に従事した。

俊明と麗珍は、たしかに「お見合い結婚」だったが、俊明と麗珍の話を聴いていると、二人を結びつけたのは、やはり台湾の山地における先住民への伝道に注ぐ情熱だったことに間違いはないように思われる（二〇一三年八月、九月、一二月、二〇一四年八月、九月、高俊明・麗珍夫妻談）。

ところで、長い戒厳令下の時代を夫とともに生き抜いた麗珍は、一九八〇年代の民主化の時代を迎えて、政治的社会的表舞台に登場し活躍した。女性団体の中心的地位についた彼女は、女性と子供の人権問題に取り組み、国際的交流を通して台湾女性の地位向上に貢献した。その社会的政治的活躍は、前掲『見證時代的恩典足跡』に詳述されている。なお、高俊明牧師については、『望春風伝記叢刊1　十字架之路——高俊明牧師回憶録』（望春風文化事業股份有限公司、二〇〇一年）、『熱愛台湾行義路——高俊明牧師訪談録』（台湾基督長老教会総会、二〇一二年）が刊行されている。

第八章　キーステン・ハーゲンとともに

ハーゲンを慕って

一九五一年（昭和二六）の六月であったか七月だったか、許麗娟《きょれいけん》は日本に来た時の月日を明確には思い出せない。基隆から小さな貨物船に乗って門司に着いた。

初めて日本の土を踏んだのが門司だったが、「殺風景でびっくりした。日本といえば華やかなところと思っていたのに、えらいところへ来ちゃったなと思いました。」と麗娟は言う。「あの頃は客船なんてなかった。砂糖や何か荷物をよく運んでくる貨物船でした。旅客は四、五人ぐらいしか泊まれないような本当に小さな船でした。」と話す。

門司を出た船は神戸へ向かった。神戸には、父の従姉妹が結婚して戦前から住んでいた。その「おばさん」を訪ねるという理由をつけて、観光ビザで来日した。「おばさん」は、同じ台湾人と結婚して神戸の灘区で旅館を営み、「おじさん」は大阪でタクシー会社もやっていたらしい。

神戸で上陸したが、神戸の印象はほとんど残っていない。麗娟は姉の麗珍と二人、すぐに鉄道で愛知県の瀬戸に向かった。ノルウェー人の女性宣教師キーステン・ハーゲンが、二人の到着を待っていた。ハーゲンは当時二六歳、北欧のキリスト教ペンテコステ派の宣教師として、ただ一人瀬戸で伝道を始めていた。

キーステン・ハーゲンは、ノルウェーのオスロに近いシー（SKI）のペンテコステ派サーレン教会から中国大陸に派遣されたが、共産主義革命に遭い、同派の他教会の宣教師たちとともに台湾に逃れた。一九四九年のことである。ある日ハーゲンは、麗娟・麗珍姉妹の父許水露が牧師を務める彰化の教会を訪ねた。それが姉妹との深い交わりの初めとなった。

ハーゲンは、宣教師としての派遣にあたり、英語と北京語の訓練を受けていた。姉の麗珍は高雄の女子中学校で初等科（初中）を終え、父が台中彰化の教会の牧師になったのに伴い、彰化女子中学校の高等科（高中、戦前の彰化高女）に転校していた。二歳下の妹麗娟は彰化女子中学校の初中に転校し高中に進んだ。戦前は日本語での授業だったが、戦後は北京語での授業となった。姉妹はハーゲンと北京語で話すことができ、若くて美しく信仰強固なキーステンをミス・ハーゲンと呼んで慕った。

ハーゲンがペンテコステ派の宣教師団と行動をともにして、日本伝道に向かったのは一九五〇年だった。宣教師団は福井を伝道地と定め、東京から福井に向かったが、その途中でハーゲンだけ名古屋で降りた。彼女が一人名古屋で降りたのは、神の啓示があったからとも、姉妹の父許水露が戦前に東京の神学校で学んだ時に知り合った番匠哲夫が名古屋の金城学院で教えていると聞

金城学院高等学校時代の麗娟（左）と麗珍（右）、1952年

いていたからともいう。

いずれにしても、ハーゲンは日本での伝道地を定めた後に、姉妹を呼び寄せて自身のもとから日本のミッションスクールに通わせようと決意していた。それは台湾を発つ時に、姉妹の父と交わした約束でもあった。麗娟は、「ハーゲン先生が瀬戸の地に入ったのは、一九五〇年の春先だったと思いますよ。」と言う。

瀬戸での暮らし

一年後の五一年夏からハーゲンとともに瀬戸で暮らすようになった姉妹は、名古屋市内白壁の金城学院高等学校に入った。麗娟は一年生に、麗珍は二年生に編入した。ハーゲンは瀬戸の窯神に家を借り、そこを拠点に伝道していた。開業医の元医院だった建物が三人の住まいだった。「だから、お風呂も便所も外です。夜なんかちょっと怖かったですよ。」と麗娟は言う。

身の回りの世話をする女性が一人雇われていた。年配の女性から若い人へと、三人ほど入れ替わったという。手伝いとして雇われた女性が、掃除をしたり食事を作ったりしてくれた。伝道の費用はノルウェーの教会から援助があり、アメリカにいたハーゲンの友人からも毎月五〇ドルほどの援助があって三人の生活費にあてられた。姉妹の学費や小遣いは、台湾にいる父が負担した。

麗娟のアルバムには、金城学院高等学校時代に写真館で姉と撮った制服姿の写真が貼られている。その横には、姉妹を呼び寄せた頃に、瀬戸窯神の借家(元医院だった建物)前で撮った和服姿のキーステン・ハーゲンの写真が幾枚か並んでいる。

高校卒業後、姉の麗珍は金城学院大学短期大学部文科英文専攻に進み、妹の麗娟は食物科に進学した。短大卒業後に姉の麗珍は、病に倒れた養父を見舞うために一時帰国したが、再び瀬戸に戻って二年間ハーゲンの伝道を手伝ったのち台湾に帰って結婚した。妹の麗娟は姉の帰国後もハーゲンの伝道を手伝って暮らしをともにしたあと、ハーゲンに導かれた青年と瀬戸で結婚した。彼女は夫とともに、ハーゲン宣教師が瀬戸における四〇年間の伝道を終えてノルウェーに帰るまで、そのそば近くで過ごした。

台湾での高李麗珍の話から、ぜひその妹麗娟を訪ねたいと思った私は、麗珍の紹介を得て日本にいる麗娟を訪ねることにした。ハーゲン宣教師の日本での伝道とその足跡、姉妹の日本での暮

和服姿のキーステン・ハーゲン、瀬戸窯神、1951年（加藤麗子氏提供）

らしなどを詳しく知りたかったからである。台湾での麗珍への取材では、どうしても台湾での暮らしや活動に沿ったことが主となり、ハーゲンの日本での伝道も瀬戸での姉妹の暮らしもほとんど具体的には把握できなかった。戦後日本の社会の変化も、愛知県の地理感覚についても、ずっと台湾に住んでいる麗珍には漠然としたものだったからである。

二〇一四年一一月六日、私は麗娟に会うために瀬戸に向かった。地下鉄栄駅で名鉄瀬戸線に乗り換え、姉妹の出身大学が見える大森金城学院大学前駅を通過して最寄り駅に着くと、彼女が駅まで迎えに来てくれた。大切な写真を見せてもらいながら、半日話を聞かせてもらうことができた。夕方には、夫妻の案内でハーゲン宣教師の伝道で設立された瀬戸サレム教会を訪ねた。美しい教会は、市街を見渡せる丘の上に建っていた。

教会には、『宣教五〇周年記念写真集』（瀬戸サレム教会、二〇〇〇年一一月）が置かれていて、伝道の跡をたどることができた。ちなみに、キーステン・ハーゲンについて綴ったものに、山田豊美『遠い国からきた天使――ある宣教師の物語』（風媒社出版、二〇〇〇年）がある。

許麗娟の回想

麗娟は一九三四年（昭和九）に高雄の旗後で生まれた。父許水露は、長老教会の旗後教会牧師だった。その父が戦争末期にスパイの容疑をかけられ、日本警察に拘引された。父が拘引された時、姉の麗珍は養父母のもとで暮らしていたが、妹の麗娟は父母といっしょに旗後教会の牧師宿舎に住んでいた。

米軍による台湾への空襲が激しくなる中で、どこへ父が連れ去られたのか家族にはわからなかった。麗娟は当時を思い出しながら次のように語る。

毎日のように憲兵が来て、ここは危ないから疎開するようにと勧めたが、父が帰ってこないとどこへ行っていいかわからないと言って、母は応じなかった。

高雄は港町でしょう。軍艦や輸送船がいっぱいだったから、空襲が激しかった。空襲警報があって防空壕へ行っても、爆弾が落ちて防空壕の穴が見えるようになっているんですよ。母はしかたなしに決意して、こんな危ないところに子供は置けないと言って、自分一人だけ旗後に残り、子供たちを疎開させることにしました。私は父の田舎だった嘉義の民雄《たみお》に疎開しました。

母の話では、私が疎開して一週間後に爆弾が防空壕を直撃し、そばにあった石が吹き飛び、その破片が三階建てだった教会の屋根の上まで飛んでいたということです。本当に命拾いしたんですよね。

父は終戦になるちょっと前に、八月に入ってから帰されました。危ないと思って、みんな帰されたのだと思います。

麗娟は高雄市内の国民学校から民雄国民学校に転校したが、病気がちで親戚の医院に入院したりしていたので、あまり登校できなかった。だから彼女は、「はっきり覚えていないのですが、小学校は民雄で卒業したと思いますよ。」と言う。台南州嘉義郡民雄庄民雄には、初等科二八学級高等科二学級の民雄国民学校があった（『台湾総督府及所属官署職員録』一九四四年一月一日現在）。麗娟はこの民雄国民学校初等科を卒業したようである。

彼女は戦後高雄に戻って初中に入り、彰化で高中に進んだので、日本語教育が十分でなかった。瀬戸に来た時、「言葉とか、まだぜんぜんだめだったもので、たいへんでした。」と言う。

戦前の国民学校では日本語教育だったが、終戦直後からの北京語教育への転換は二歳上の姉麗珍と違って、麗娟の場合その影響が大きかったようである。世代的にみても、終戦時に国民学校初等科の児童だった人たちは、その後の北京語による学校教育の中で日本語能力が急速に失われていった様子がうかがえる。

拘留を解かれて帰ってきた父は、終戦になってからも、すぐには牧師に戻らなかった。「牧師に帰るのをしばらく休もうかなと言って、父は高雄市の役所にいた友人の紹介で、たしか社会課だったと思いますが、日本の方が引き揚げたあとの住宅などの接収を担当する課の課長になりました。」と麗娟は言う。

疎開していた子供たちは、終戦によってみんな高雄の父母のもとに戻り、平和な生活が始まった。だが、一年半後に大きな不幸が彼女の家族を襲った。麗娟は二二八事件の犠牲者となった兄許宗哲を思い出しながら、軍隊が市民を銃撃した一九四七年三月六日について次のように語る。

ちょうど私が高雄の女子中学校の一年生でした。台北から高雄まで、政府に対する台湾市民の抗議行動が達していました。それを軍隊が取り締まっていた。軍と民間がね、市政府の議会で交渉して、台湾の市民と講和するというので、市民がみんな良いニュースを聴こうとして、議会の外で待っていたのですが、軍隊が外にいる人たちを無差別に銃撃して皆殺しにしたのです。この市民の中にいた私の兄宗哲と従兄弟たち、母の兄弟の息子二人も殺されました。兄は一人息子で高中の一年生でした。市役所のそばに運河（愛河）があって、そこに遺体が山のように積まれていたそうです。兄たちの遺体は前金教会の先生方が出て行って世話をしてくださり、教会に遺体を運んでくださった。兄の亡骸に私が対面したのは、教会での

ハーゲンと台湾の家族を訪ねた麗娟、
２列目左端麗娟、嘉義の斗六教会

お葬式の時でした。

一人息子を亡くしたあと、許水露は牧師に戻ることにした。そして、新たに赴任したのが彰化の教会だった。母方の伯母の養女になっていた姉の麗珍も、女子中学校から高雄の実母のもとに戻っていたので、彼女もいっしょに彰化へ引っ越した。

姉妹のもとに現れたキーステン・ハーゲンは、個人対神の関係を重視するペンテコステ派の宣教師だった。「ノルウェーにも国教会があり、いわゆる幼児洗礼という、親によって生まれた子が洗礼を受けるのですが、ペンテコステ派は親からではなく自分で決心して信仰に入るところが違います。」と麗娟は話す。「ペンテコステとは聖霊を意味し、聖霊を強調する」という特徴があると言う麗娟は、その信仰に根差し一己の信仰者として神と向き合いアジア伝道を決意した若き宣教師ハーゲンと十代の半ばに出会ったのである。

瀬戸でハーゲンと暮らして七年余りのち、金城学院大学短期大学部を卒業して二年後の一九五八年一一月に、麗娟はハーゲンとともに台湾の父の教会を訪ねている。この時、許水露は台湾キリスト教長老教会の嘉義の斗六教会牧師を務めていた。

瀬戸伝道と「自由基督教会」

一九五〇年（昭和二五）に瀬戸に入ったハーゲンは、窯神の元医院を借りて伝道を始めていた。その借家の応接室だったところを開放して、学生たちが英語を習いながら聖書の話を聴くという集まりができた。名古屋大学理学部や南山大学の学生など、のちに長くハーゲンを師とし伝道を支えた人たちがその中から現れた。

一年ほどして、近くにあった家政学院の二階を借り、「キリスト召会」の名で集会がもたれるようになった。近隣の中学生や小学生が、外国人に対する珍しさや英語への興味もあってたくさん集まった。早くからハーゲン宅の集まりに参加していた二人の大学生が彼女の話を通訳し、集まった人たちがそれを聴いた。地域の人たちは、ハーゲンの伝道にみんな好意的だった。この「キリスト召会」が始まった頃に、麗珍・麗娟姉妹の瀬戸での生活も始まった。それからしばらくして、瀬戸家政学院の二階に「自由基督教会」の看板が上がった。これが、現在の「瀬戸サレム教会」の「最初の教会」であった。

「自由基督教会」を拠点に、瀬戸地域とその周辺部での伝道が広がった。瀬戸の品野や尾張旭や春日井の高蔵寺などで伝道が続けられた。伝道中の瀬戸品野の日曜学校で、子供たちといっしょに撮った麗珍・麗娟姉妹の写真が残されている。この時二人は、金城学院大学短期大学部の

伝道中の日曜学校での麗娟（右）と麗珍（左）、瀬戸品野、1954～55年冬

学生だったから、一九五四年（昭和二九）暮れから五五年初めの写真と思われる。火鉢を囲む子供たちの姿から、戦後十年が経とうとする頃の日本の町村の暮らしがうかがえる。

しばらくすると、「天幕伝道」と呼ばれる形式の伝道が行われた。神社の前の広場などに天幕を張って、ハーゲン宣教師が話を始めるとたくさんの人が集まった。「当時は娯楽がないものですから、何かというと人が集まったものです。その頃には、義姉の麗珍が台湾から来て手伝っていた。」と、麗娟の夫は話す。短大卒業後一時帰国したのち、再び瀬戸に戻りハーゲンの伝道を手伝った一九五五年から五八年当時のことである。

ペンテコステ派の宣教師団は、ノルウェーのほか、フィンランド・デンマーク・スウェーデンの教会から派遣されていた。フィンランドからの宣教師が比較的多かったとの印象を麗娟はもっている。

ハーゲン以外の宣教師の多くは福井で伝道を行ったが、各国から派遣された同派の宣教師は日本に来てから一つの宣教団としてまとまりを形成していた。

この宣教団が軽井沢に土地を購入し、別荘を建てて夏季の一時期をともに過ごすのが恒例となった。麗娟と麗珍が宣教団のミオス宣教師とグンダソン宣教師とともに写っているのは、軽井沢での楽しいひと時である。「夏になると、ペンテコステ派の宣教師たちが軽井沢の別荘に集まって何日かを過ごした。」と麗娟は言う。

ペンテコステ派宣教団の女性宣教師とともに左から麗珍・ミオス・麗娟・グンダソン、軽井沢、1956年

伝道の手伝いを終えて帰国した麗珍は、姉妹たちの近況を写真の裏にしたためて妹の麗娟に送った。帰国まもない時期の写真の裏には、「娟ちゃんへ。楽しそうでせう？　斗六で撮ったの。麗卿も十月頃お産の予定！　みなとても元気！　阿源に〝ポッポッポ〟を唄って上げてる所。珍」と記されている。流れるような仮名文字や、「せう」と旧仮名遣いにしているところに、戦前の公学校に学んだ日本教育の跡がうかがえる。「阿源は私のすぐ下の妹の赤ちゃん。妹が先に結婚した。」と麗娟は言い、「まもなく姉の麗珍がお見合い結婚し、台湾山地の先住

民伝道に携わりました」と話す（二〇一四年一一月六日談）。

麗珍・麗娟姉妹に深い愛情を注ぎ、戦後まもなく単身瀬戸に来て、日本の子供たちや学生たちを導いたハーゲン宣教師に、ぜひ会ってみたいと思いつつ瀬戸サレム教会をあとにした。

第九章　戦中の記憶、さまざまな人生

戦争の体験と記憶

戦争の体験とその記憶は、個々人によって異なるものの精神史の上から見るとき、それぞれの生まれ育った時期によって、区分け可能な一定の違いが見出されるように思われる。

一九二〇年（大正九）前後に生まれた人びとは、日本の政党政治確立期の現代的文化が広がった昭和初期に初等教育を受け、中等教育を経て高等教育機関に学ぶ頃に、戦争の時代を迎えた世代である。これに対して、その数年後すなわち昭和初め生まれの人びとは、初等教育を受け始めて間もなく戦争の時代を迎え、中等学校で学んでいる時期に太平洋戦争が始まった世代である。直接取材が可能なこの二つの世代の間には、明らかに戦前日本の社会と文化についての受けとめ方が異なるように思われる。

戦争の体験と記憶が世代によって異なるのは、日本人の場合も同様であるが、日本の敗戦によってその統治を脱し、日本とは別の戦後社会を生きてきた台湾の人びとの視線には、日本人とは異なる見過ごせない重要な要素が含まれている。かつて被統治者であり、かつ「日本人」だった台湾の人びとの目には、戦前・戦中、そして敗戦まもない時期の日本がどのように映じているのだろう。一面的な見方では日本人の目には映らない歴史像が、かつて「日本人」だった台湾人の目を通して立ち現われて来る。

十年来の台湾での取材で出会った人たちは数えきれない。生の声を記録させてもらった人たちだけで一〇〇人を超える。図書館や公文書館では見られない貴重な資料も提供してもらった。台湾と日本での文字資料と口述資料の収集によって知り得た史実は、拙著『台湾と日本――激動の時代を生きた人びと』（東方出版刊、二〇〇八年）『看護婦たちの南方戦線――帝国の落日を背負って』（東方出版、二〇一一年）などに綴ったが、この二著に書ききれなかったことも多い。『台湾と日本』を出版して三か月後、二〇〇八年夏に聞かせてもらった話は、内容が異なることから『看護婦たちの南方戦線』にはもちろん収録できなかった。本章では、二〇〇八年八月の取材で記録した戦中・戦後の体験談について叙述しておきたいと思う。

台南二中から医専へ

楊孔昭《ようこうしょう》は終戦の年四月に、台北帝国大学附属医学専門部に入学した。医専には入ったものの、すぐに学徒兵に徴集された。海岸線から離れて、台北州の山の方に配置された。銃は持たずに、鶴嘴《つるはし》やスコップで壕を掘り、農家を回ってカボチャやサツマイモを集めてくる毎日が続いた。米軍の上陸に備えて食糧を備蓄するというのであった。

　中学校時代は、陣地構築と戦闘訓練に明け暮れた。二〇〇五年二月発行の楊孔昭の自伝では、中学校時代の体験がスケッチとそのキャプションで綴られている。台南第二中学校の校門と玄関、校章と帽子、柔剣道、教練、野外軍事演習などの絵が続き、防空演習や台南への米軍の空襲、海岸線での陣地構築と突撃訓練の様子など、細部まで描いたスケッチが並んでいる。それらの絵の中に、携帯を義務付けられていた名札があり、血液型と校名がみえる。氏名は楊井博雄である。当時楊孔昭は、楊井博雄と改姓名していた。

　彼は一九二八年（昭和三）一月一〇日に、台南州新営郡後壁庄《こうへきしょう》菁寮《せいりょう》一五三〇番地に生まれた。父は台北師範を出て公学校の教員になり、その後二年間製糖会社の事務に就いたあと、後壁庄の役場に勤めた。兄弟は男が六人、女の子二人。孔昭は次男である。長男の茂雄は孔昭より三つ年上で台南二中を卒業した。終戦の年には二〇歳になっていて、台湾に実施された最初の徴兵検査で徴集された。

　台湾に徴兵制が実施されたのは、四四年九月一日である。同日の『台湾新報』は、「待望の兵の道、光栄の首途《かどで》」「本島の徴兵制けふから実施」「島民皆兵の門開く、歓喜感激全島を蔽《おお》ふ」と報じている。翌四五年二月一日に、台湾全島で初めての徴兵検査が行われた。同年二月二日の『台湾新報』は、「徴兵台湾の力強い歩武」の見出しを付け、「こゝろうづく日本男子の意気」「今ぞ吾等《われら》御盾《みたて》、誉れの若人肩を列べて入営」「ふり仰ぐ御紋章、栄光に輝き映ゆ兵の貌《かお》」と報じている。このとき徴兵された台湾人兵士は、島内で訓練を受けたのち、台湾防衛の守備に就き終戦を迎えた。

孔昭の兄の名「茂雄」は、日本人がつけた名前だった。戦後復員した茂雄は、台湾大学法学部政治系を出て銀行に勤めたという。

ところで、孔昭と台北帝大医専の同年生だった林彦卿《りんげんきょう》には、終戦時の体験記を収めた『非情山地（増補版）』（二〇〇五年刊）があり、次のように記している。なお、林彦卿は台北市太平町の小児科開業医の四男で、台北第一中学校を卒業して台北帝大医専に進学した。

小生は医専に進んだが、一度も講義を受けることなく三月末学徒兵にとられ観音山に駐屯した。我々が編入されたのは、対戦車部隊で荒川隊という。隊長の荒川中尉は、元大阪商船の職員だった。

この部隊は、八里ヶ浜辺りから上陸してくる敵のタンクを迎え撃つのが任務だった。ところがその対戦車砲たるや、明治時代に作られた代物で、アメリカのタンクが搭載した大砲よりも口径が小さいと聞いて真に心細い思いにかられた。

我々の単位は医専と医学部の低学年生が大半を占め、その外に、農学部の学生が数名いた。毎日たこ壺掘りや兵舎の修繕、そして時には大砲の手入れや操作訓練に明け暮れ、三度の食事だけが楽しみだった。

後壁公学校のこと

楊孔昭は一九三五年（昭和一〇）四月に、後壁公学校に入学した。高学年のときの担任は頼《らい》松輝《しょうき》訓導だった。頼訓導は成績優等の孔昭を可愛がった。

六年生の時、一九四〇年一一月に、台南州でも紀元二六〇〇年の祝賀行事が催された。催しの一つに公学校児童のスケッチ大会があった。孔昭は新営郡の大会で一等になり、台南州の大会に出場して三等になった。郡大会の時、孔昭は後壁公学校の朝礼場にあった奉安殿を描いた。州大会は台南市の放送局のそばで開かれた。児童たちはその場でスケッチをして、その出来栄えを競った。この時孔昭は、「大南門」を描いた。

毎年卒業前には、各郡下の小学校・公学校の児童が「宮殿下賞」を競う学力考査があった。試験科目は国語と常識だった。孔昭は後壁公学校を代表して郡役所での試験に臨んだ。表彰者の発表があった時、成績順に一番から四番までは新営郡下の全小学校四校の日本人児童がそれぞれを占め、五番と六番が公学校に学ぶ台湾人児童だった。この中に孔昭が入っていた。新営郡下には公学校が一八校もあったのに、郡下の四小学校のすべての代表が表彰され、しかもそれが四番までを占めていたのである。

小学校には主に日本人児童が学び、公学校には台湾人児童が学んでいた。郡下一八校の公学校の代表のうち表彰者はわずか二人、しかも、いずれも下位であるとの発表には台湾人の誰もが疑問をもった。担任の頼訓導と後壁庄役場に勤める孔昭の父の二人が、新営郡の視学官に「なぜ本島人の二人は下位なのか。」と尋ねた。その時の視学官の説明では、成績の上では楊というのが一番だったが、立場上日本人を上にしたとのことだった。楊孔昭はこの時のことを、「その点において、日本人は正直であった。」と述べつつ、「表彰はとてもうれしかったけれども、同時に台湾人に生まれた悲劇を感じた。」と、遠い昔を回想した。成績が良かった六人は、それぞれの小学校・公学校の卒業式で表彰された。台湾人児童にとって、この表彰はとても名誉なことであったという。

子供の頃、孔昭は雑誌を買うのが好きだった。『幼年倶楽部』や『少年倶楽部』を毎月買って読んでいた。スケッチと水彩画を描くのが好きだった彼は、漫画の連載を特に楽しみにしていた。油絵を始めたのは学校を出てからだという。

絵が得意だった孔昭は、四一年四月の台南二中入学直後から、美術の中村操教諭を慕った。だが、「中村先生は在学中の夏休みに、腸チフスに罹って突然亡くなってしまった。あの時ほど悲しかったことはなかった。今でも時々先生の面影が瞼《まぶた》に浮かぶ。」と、孔昭は言う。

陣地構築と空襲

四年生になった四四年五月に、孔昭たちは陣地構築のために、台南の海岸線に位置する湾裡《わんり》に動員された。西海岸への敵戦車上陸を想定し、迎え撃つための戦車壕を掘り、杭を打ち込む作業が続いた。夜は国民学校の校舎に寝泊りし、蚊の襲来に悩まされた。水道水がなくて畑の水でご飯を炊いたため、臭気がひどくてそのままではとても食べられたものではなかった。防空壕に溜まった水で顔を洗ったこともあった。

台南二中の生徒たちは、海岸線で「陸上特攻」の訓練を受けた。たこ壺を掘って身を潜め、竹竿の先に火薬の入った円錐状のものを付け、鉄条網をくぐって上陸して来た敵戦車めがけて突撃するというのである。簡易飛行場で戦闘機の掩蔽壕《えんぺい》掘りに従事したことがあり、生徒用の舟艇で手旗信号の訓練を受けたこともあった。

四四年一〇月中旬、米軍艦上機と艦載爆撃機による台湾全島への最初の本格的で激烈な空襲があった。孔昭は、同月一二日における台南上空での米軍戦闘機と日本軍戦闘機の空中戦を目撃した。米軍機を邀撃《ようげき》した日本の戦闘機が、撃墜されるのを見たのである。翌四五年になると、米軍機による空襲が日常化した。通学途中に艦上機の機銃掃射を受けて汽車が動かなくなり、線路伝いに歩いたこともあった。

四五年三月一日の空襲は、台南大空襲として記憶されている。

台湾総督府警務局防空課の極秘文書『昭和二十年三月中　台湾空襲状況集計』によると、三月一日の「来襲敵機ノ状況」には、B24―八一機、P47―八機、P51―四機の計九三機が高雄・台南・台東・台中・新竹・台北に来襲したとあり、「投下弾ノ状況」として台南市内では一般民家と官公庁が爆弾と焼夷弾による攻撃を受けたと記されている。なお、三月中における台南州の被害は、死者六八六人、重傷一三一人、軽傷一四七人、行方不明三一人、建物全壊一三九三棟、半壊二一〇六棟、全焼一三五〇棟、半焼七五棟であった。

孔昭の記憶では、まず爆弾が投下され、次いで焼夷弾で焼き払う攻撃だったという。台南病院の上には、赤十字の大きな印が付けられていたが、米軍機はそれをめがけて爆撃した。幾度かの空襲で台南病院は破壊された。畑で女の子が野良仕事をしていると、艦上機がその女の子を狙って機銃掃射を浴びせた。

四五年三月九日、孔昭ら二〇期生は、一年上の一九期生とともに台南二中を卒業した。二〇期生は、一年短縮して四年で卒業したのである。卒業式は空襲の間隙を縫って、朝礼場で行われた。卒業生たちはゲートル姿で立っていた。孔昭がもらった卒業証書は、「楊井博雄」と書くべきところが「楊井博雅」となっていた。先生に報告すると、一枚も余分な証書がないとのことだった。仕方なく先生は、ざら紙を正方形に小さく切って「雄」と書いて「雅」の上に貼り付けた。貼り付けた紙に訂正の割印もない卒業証書を手にして、孔昭は情けなかったという。

楊孔昭の妻石秀華《せきしゅうか》は、一九三〇年（昭和五）三月二六日生まれである。終戦の前年、彼女は台南第二高等女学校の二年生になっていた。二年生の三学期は、空襲のためにほとんど勉強ができなかった。彼女は台南大空襲があった三月一日の夜に、祖母を牛車に乗せて、母と兄弟姉妹とともに台南州の玉井《たまい》近くの南科《なんか》に疎開した。父石遠生《えんせい》は、台南市内で遠生医院を開業していた。医師は空襲下の救護活動を義務付けられていたので、父は疎開できなかった。中学校の受験を控えていたすぐ下の弟も、父とともに市内にとどまった。秀華の自宅は、台南市高砂町（現・民権路一段）にあった。彼女の家は空襲による爆弾投下で破壊され、焼夷弾で焼き払われた。近くの台南州庁は屋根が破壊され、内部はすっかり焼かれて壁だけが残った。残った外壁を修復保存した元州庁の建物は、現在は近代文学館として使われている。

台北帝大医専部に入った孔昭は、戦後医専が台湾大学医学院に合併したので同医学院を卒業し、附属病院に三年間、その後台南の県立病院に二年間、新営の県立病院に三年間勤務したあと、新営で開業した。初めは楊小児科医院だったが、やがて一般開業医は診所の呼称を使うことになったので、楊小児科診所と改称し、さらに保険制度の導入とともに楊内児科診所と改めた。

彼が新営で開業したのは、台南州庁が空襲で破壊され、戦後台南の行政庁が新築まもない新営国民学校の校舎に移ったことで、新営の町が発展すると考えてのことだったという。新営には製糖会社やパルプの会社の宿舎がたくさんあった。終戦後日本人が去ったあと、それらの宿舎がそのまま行政職員の宿舎になったとのことである。

大正九年生まれ

高文子《こうふみこ》は一九二〇年（大正九）六月一二日に、高雄州岡山郡楠梓《なんし》庄楠梓に生まれた。戦後、文子を燕文《えんぶん》と改名し、李雅各《りがかく》と結婚して高李燕文となった。

文子の父高再福《さいふく》は、一九一六年に台湾総督府医学校を卒業し、楠梓で建安医院を開業していた。「台湾総督府医学専門学校一覧」には、台湾総督府医学校第一五回（大正五年）卒業生三二人の中に高再福の名がみえ、高雄州楠梓で開業と記されている。なお、台湾総督府医学校は、一九一九年四月一日に台湾総督府医学専門学校と改称している。

文子の母は林煙粉《りんえんふん》といった。文子が聞いたところによると、祖父が付けた本当の名は「燕粉」だったのに、役所の人が音だけを聞いて、「煙粉」と記してしまい、そのままになったとのことである。文子は長女で、弟二人と五人の妹がいた。すぐ下の妹は安子《やすこ》、長男が寿東《じゅとう》、次男寿山《じゅざん》、三女秀子《ひでこ》、四女が栄子《えいこ》で、いちばん下の妹は夭折した。熱心なキリスト教徒だった祖父高長《こうちょう》は、伝道師の気持ちで厦門から台湾に渡って来たのだという。

日本語常用家庭に育った文子は、一九二七年（昭和二）に楠梓尋常小学校に入学した。尋常科一学級、訓導一人、教員心得一人の小さな小学校だった。石川県出身の阪本三太郎訓導がこの小学校の校長だった。当時の総督府所属官署職員録によると、教員心得は熊本出身の大橋カスミと記されている。

文子は阪本校長にとても可愛がられたという。上級生だけが行く遠足に連れて行ってほしいと駄々をこね、「そんなに行きたいのなら参加してよいよ。」と許してもらった遠い昔のことを彼女は今も覚えている。

父再福は乗馬と鳥を飼うのが趣味だった。馬は軍隊から借りてきたものだったという。父は朝早く起きて、馬に乗って近辺の野を回ってくる。その馬に、文子は小さい時から乗せてもらった。父が飼っていた鳥には、珍しい種類のものがいた。台湾産の鳥は、田舎の人が捕まえて、良い鳥がいると再福のところに持ってきた。とってもいい声で鳴く「ホエビー」という鳥、黒い鳥は「黒亜」。「黒亜」は、声の方は良くないけれど、色艶が良くてよく動いた。一番いいのは、日本から来た九官鳥だった。「天皇陛下万歳」「おはよう」「こんにちは」と話した。もう一つ言葉を発したが、日本語でもなく台湾語でもなく、文子には意味がわからなかった。

毎年正月に、再福は手作りのカラスミを親戚や知人に贈った。出来上がったカラスミを、あちこちの家に届けるのが幼い頃からの文子の仕事だった。魚屋が持ってきたボラの卵巣の生ものを塩漬けして、石で押さえる。石の重さ加減が大切で、重すぎると破裂してしまうし、軽すぎてもうまくいかない。形を整えて板の上にきれいに並べ、天日干しにするのである。再福はカラスミを作るのが上手だった。文子はそれを手伝って、正月になると小学校の先生方、警察署長、役所の主な人たち、そして親戚の家に届けた。

小学校と高女の思い出

文子が小学校四年生の時、一九三〇年（昭和五）に楠梓尋常小学校は橋子頭《きょうしとう》尋常小学校を合併したので、新校舎が楠梓と橋子頭の中間に設けられた。合併によって楠梓尋常小学校は、尋常科三学級、訓導三人、教員心得一人となった。この年の職員録には、低学年の時に文子が甘えた坂本三太郎校長の名は見えず、校長は原井正義に代わっている。

新しい学校にふだんは歩いて通っていたが、遅れそうな時や病気の時には、父に雇われている

「薬局生」に自転車で送ってもらった。彼女は病気の時も学校を休むことはなかった。熱が下がると自転車で送ってもらった。父は休んではいけないと叱った。だから文子は決して休まなかったという。小学校六年間も女学校も専門学校も、皆出席でとおした。

小学校はとても楽しかった。小さかったからいちばん前に座って、いつも真面目に聴いていた。「どの先生もとても良かった。」と言う。四年生の担任は教員心得の大橋カスミだった。川崎義雄訓導には図画を教えてもらったという。

小学校時代には、男の子と喧嘩もした。「チャンコロ」と言われたので、投げ飛ばしたことがあった。「私は剣幕が強かったし、相手は痩せこけていた。」と彼女は言う。ふだんは仲良く遊んでいたが、侮蔑語は許さなかった。郵便局長の息子で大山弘といった。文子は「ひろしさん」と呼んでいた。投げ飛ばされてから弘は文子に手向かえなくなった。

四年生までは、楠梓小学校の台湾人児童は文子だけだった。五年生になって台湾人の女の子が二人、呉進蘭《ごしんらん》と林碖《りんろん》が転校してきた。進蘭の父は楠梓の役所に勤めていた。進蘭は高雄高等女学校に進学し、高女卒業後は上級学校に進まずに結婚した。

林碖の家は地主だった。たくさん土地を持った資産家だった。碖の兄は医者だった。彼女は台南のミッションスクール長栄女学校から東京の堀越高等女学校に転校し、昭和女子薬学専門学校に進学して薬剤師になった。碖の父には二人の妻があって、二番目の妻が一番目の妻をいじめて喧嘩になることが多かった。夫は一番目の妻を叱るのが常で、一番目の妻に女の子が生まれたとき、「忍耐する」の意味をこめて「倫」と名付けられたのだと、文子は聞いたことがあった。文子と小学校から高女の三年生までクラスメートだった林倫は、七〇歳で亡くなった。

高文子は、一九三六年（昭和一一）に台南の長栄女学校に入学した。女学校では寄宿舎生活だった。「校長は土井先生、作法の先生と国文の先生は姉妹で藤村という姓。私はいつも和服を着ている作法の先生がとても好きだった。」と文子は話す。宣教師は英語を教えていたが、文子が入学して二年ほど経って帰国した。酒井教諭は若くて、学校を出て早々に赴任して「植物」を教えた。「お一人でね。まだ結婚してませんのよ。」と、李高燕文は七〇年前を回想した。

酒井教諭は胸を患って、長く教えないうちに日本に帰った。教壇を去るとき、「私は今日で日本に帰ります。みなさんお大事に。」と挨拶したのが思い出される。「本当にいい先生だった。弱々しい身体をしていて、ランタナの花を黒板に描いた。あんまり小さな花を描くので、私たちはこの先生、こんなに小さな花を描いていたのでは時間がかかるでしょうに。」と、ぽかっとして見ていたという。

下関から東京へ

三年生を終えて四年生から、下関のミッションスクール梅光女学院に編入した。文子より年上の従姉が梅光女学院を卒業し、一つ下の従妹もこの学校で学んでいた。文子が東京の専門学校への進学を希望していたので、父再福はその準備のために梅光女学院への編入手続きを進めたのだという。

編入当時の「院長は広津先生、寄宿舎の舎監は水津米先生でした。水津先生はきびしさの中に優しさをもった先生だった。私は丁寧に掃除をするので水津先生によく誉められた。」と彼女は話す。梅光の寄宿舎は一部屋四人、上がベッドで下が物入れになっていた。

四年生と五年生を梅光で学び高女を卒業した文子は、四一年四月に青山学院女子専門部家政科に入学した。在学したのは、「笹森先生が院長だった時期」だと文子は記憶している。青山学院在学中に太平洋戦争が始まったが、専門学校で学んだ思い出はとても良いものだと言う。

一・二年生のときは寄宿舎にいた。二人一部屋で、一年生の時は九州出身の「小田原さん」、二年生の時は北海道出身の「野口さん」と同部屋だった。卒業してから、「野口さん」とは文通をしていた。「小田原さん」には電話していたが、もう亡くなってしまった。三年生の時には寄宿舎を出て、すぐ下の妹安子と弟寿東といっしょに下北沢で下宿した。妹は女学校、弟は中学校に通っていた。寿東は医専に進学して医師となった。

青山学院卒業後、戦争がだんだんひどくなったので、文子は台湾に帰ることにした。妹と弟は東京に残った。台湾に帰ってみると、「公学校の先生方が次々と出征するので、代用教員として引っ張り出されることになった。」という。「他に先生が来るまでとの約束で、楠梓公学校に勤めましたが、騒がしくて、お行儀の悪いのにびっくりした。」と話す。

まもなく台北市に出て、台湾長老教会のミッションスクール宮前女学校の家事科の教諭になった。二年後、宮前女学校は同じミッションスクールの淡水女学校に合併した。この間に終戦を迎えたが、合併後さらに二年間淡水の学校で家政科を受け持った。

戦争中には女学校に防空壕があり、空襲警報とともに防空壕に潜り込んだ。文子はそれほど怖い思いをせずに済んだが、東京にいた妹と弟は大変だったと後に聞いたという。

台北士林の富家

林欽菊《りんきんきく》は一九一九年（大正八）一一月二三日に、台北州七星《しちせい》郡士林《しりん》街士林一一五番地に生まれた。父林振声《りんしんせい》は、台湾総督府国語学校国語部を卒業して台湾銀行に勤め、台北の財閥林本源《りんほんげん》家の事務に転じ、実業家として名を成した。父振声は、詩を作るのがとても上手だった。母林張帖《りんちょうちょう》はお嬢さま育ちだった。欽菊の母は纏足をしていたので外出したがらなかった。「足が痛いから行かないと我儘《わがまま》を言うのです。駅までわずか五分のところを、ゆっくりしか歩けないので一五分かかった。」という。彼女の母自身が受けた教育について尋ねると、「ママはちょっとだけ勉強した。」とのことであった。欽菊の母の実家は「金屋」、すなわち純金を売る商売をしていた。

欽菊が祖父に聞いた話によると、祖父は五人兄弟の二番目だった。士林の古い町の農家で、野菜を作っていたが、こんなことをしていたのでは先が開けないと考え、勉強する決意で町へ飛び出した。飛び出す前に、父親（欽菊の曽祖父）に天秤棒で殴られて歯を折られてしまったという。温厚な祖父で字がきれいだった。学校に上がる時に名前を書いてもらったことを欽菊は覚えている。彼女の祖父は、日本の統治下に入った台湾に国語学校が設立された時、息子（欽菊の父）を入学させて教育を付けたのだった。

欽菊には三人の兄がいた。長兄の欽江《きんこう》は台北商工学校を出て三十四銀行に勤めた。次兄の欽漢《きんかん》は台北第二中学校から東京高等工業学校に進み、卒業後は電力会社に勤めた。三番目の兄欽懐《きんかい》は日本歯科医学専門学校を出て歯科医院を開業した。長兄と欽菊とは一三歳離れていて、三番目の兄とは七歳違いだった。

欽菊が生まれ育った士林の屋敷は広くて、何軒も家が続いていた。日本人に貸している家もあった。日本人がそこで小売に酒を売りさばいていた。小売への酒の売りさばきは日本人でないとできなかった。日本人が借りた家に隣接して酒の倉庫があった。その隣に三番目の兄の歯科医院があった。敷地のずっと奥には平屋の建物があって、その中へ入って行くと二階建ての建物があり、美しい庭や花園が広がり、進んで行くと道路があって、その向こうの空き地は畑にして老人を雇い野菜を作っていた。空き地には大きい桜の木があり、バナナ・スター・モッカ・洋桃などの木が植えられていた。

台湾銀行に勤めていた父は林本源家に認められて家長財産の整理をしていた。林本源家の子供が学習院に入った時、信頼の厚かった林振声が同行したという。振声は信用組合や青果組合の理事となり、官選の協議会員も務めていた。「だけれども、生果組合の理事長はやはり日本人で、徳永という人だった。能力があっても、台湾人はいちばん上には、どうしてもなれなかったのよ。」と欽菊は回想する。資金力のある林本源家は、多くの土地を集積した。欽菊の父林振声も、あちこちの土地を買って田んぼや畑を小作に貸していた。それで林振声の事業は、貸地業ともなっていた。

なお、『台湾人士鑑　台湾新民報日刊五周年紀念出版』（台湾新民報社刊、一九三七年）には、「林振声（梅菴）」、「士林街協議会員、台北州柑橘同業組合理事、台北州青果輸出組合理事」とあり、次のように記されている。

明治十九年八月二十五日林正栄ノ二男トシテ生ル。台湾総督府国語学校国語部卒業後明治三十八年台湾銀行ニ勤務。同四十三年林本源事務所ニ転シ、大正元年林本源松記事務所主任ニ昇進シ同四年厦門神戸貿易商ヲ自営。八年林本源柏記事務所主任。同十五年林本源維記興業株式会社支配人。昭和四年士林信用組合専務理事ニ歴任ス。同九年士林街協議会員ニ任シテ現在ニ至ル。趣味ハ果樹栽培、園芸。

妻張氏帖（明二二）、長男欽江（明三九）媳婦曹氏笑、次男欽漢（明四二）媳婦陳氏紹琴、三男欽懐（大元）媳婦劉氏謹治、女欽菊（大八）、男女孫多数アリ。

台北第三高女へ

欽菊は一九二六年（大正一五）四月に、士林公学校に入学した。明朗快活な欽菊は、先生に可愛がられた。成績が良くて音楽が好きだった彼女は、学芸会や国語演習会にはいつも選ばれ壇上に立った。父振声は士林屈指の名士だったから、保護者会の会長を務めていて、公学校の児童と先生の前で話をする機会が多かった。欽菊は壇上の父の姿や話の断片を今も覚えている。

一九三二年（昭和七）春、彼女は難関の台北第三高等女学校に合格した。士林公学校からは、林欽菊と林佩蘭《りんはいらん》の二人だけが合格した。台北第三高女は、台湾人の優秀な女性を集めて教育した。

「きびしい学校でしたけど、ずいぶんいい学校でした。だから私、今でもお行儀が良いのですよ。」と言って、欽菊は微笑む。

宮城先生は、英語担当で女の先生。国文の向山先生は、在校中に結婚して土屋先生になりました。土屋先生には戦後もよく連絡していましたが、もう亡くなりました。一年生のときの級主任が向山節子先生。二年生のときは数学の小川わか先生。小川先生は補習科のときも級主任だった。四年のときは男の先生で、体操の小橋川先生。

ダンスの先生は古賀先生、女の先生。平川先生は物理かな。みなお上品ないい先生でした。最敬礼して先生が通り過ぎるまで、そこで立ってたのよ。襖《ふすま》開ける時にもどういうふうにするって、仕付けられました。家事の先生は田中先生。私たちのためになりました。

このように話しながら、有産階級の子女を対象とした戦前日本における高女教育を受けて育った林欽菊は、終戦後の激変の中で入って来たこれまでとは異なるものにしばしば違和感を覚えると言い、戦後長い年月が経った今も、「私たちが身に着けたものとは違う風習や文化に心苦しく思う。」とも語った。

女学校時代は何の心配もいらず、いちばん楽しかった。毎年五月二五日には足を鍛える遠足があり、一二月二五日には登山があった。七星山・大屯山・弁天山などに登った。遠足と登山のときは午前四時半集合なので、遠くから通学している人たちは間に合わない。それで何人かの友達は、毎年欽菊の家に泊まった。それぞれ弁当を二食分作ってもらって、彼女の家の自動車で送ってもらった。遠足は淡水往復・基隆往復・桃園往復など、二十数キロを歩くので、前もって学校の近くの幹線道路を生徒たちが一周し、その時間を先生が測定して参加の可否が決められた。

日本への修学旅行には、欽菊は身体が弱かったので参加できなかった。日本旅行に参加できない生徒たちには、島内旅行が実施された。引率の先生と生徒が、五人ずつ一七台のタクシーに分乗して南部を回った。欽菊たちが通過すると、原住民の子供たちがどこかの偉い方の車と間違ってお辞儀するような場面もあったという。

林欽菊は第三高女卒業後、さらに一年補習科に学んで公学校教員の資格を取った。士林公学校から第三高女に進んだ林佩蘭も補習科に入った。だから、欽菊と佩蘭は、一一年間同じ学校でいっしょに勉強したのであった。のちに林佩蘭は淡水に嫁した。

補習科では一学期と二学期の間、国語や数学などの科目のほか心理学・管理学・教育学など、教員になるための専門科目の授業を受けた。三学期には、万華の龍山公学校で教育実習があった。この実習修了後に検定試験を受けて、教員になることができた。

欽菊は卒業後しばらくして、母校の士林公学校の教員心得になった。事務もやるし、ガリ版もきる。学校のいろんな仕事を覚えて、訓導になるのである。ただし欽菊は、まもなく辞職して結婚し、東京の池袋に住むことになった。台北第二中学校を卒業した夫の林文亭《ぶんてい》が、東京の予備校日進英語学校に通い受験準備をすることになったのである。東京での夫婦の生活は、欽菊の父が支援した。

東京から引き揚げて

一九四二年（昭和一七）四月に、従姉が勤めていた大塚病院で長女を出産した。長女が生まれて半年ほどして、欽菊夫婦は台湾に呼び戻されることになった。戦争が激しくなるから、心配だから帰って来るようにという父の意向だった。長女を連れて夫婦で少し小旅行を楽しんで、京都にも寄って、同年一二月に神戸から高千穂丸で台湾に帰った。高千穂丸が潜水艦の魚雷攻撃を受けて、台湾沖で沈められる三か月前だった。

基隆に着いた欽菊たちは、父が手配した職員に迎えられて実家に落ち着いた。しばらくして、夫の文亭が欽菊の父の紹介で台北州庁に勤めたので、台北市内に引っ越した。四四年一月に長男が生まれた。同年一〇月の空襲のあと、欽菊は二人の子供を連れて疎開した。疎開した家の周りは、現在では故宮博物院が建っていてすっかり変わっているが、当時は寂しい田舎だった。夫の文亭は商工課に属していたが、疎開指導などもやっていたとのことである。

欽菊は台湾に帰ったあと、台北市太平町にあった河合国民学校の教員として来てほしいと頼まれたことがあった。当時は、男の訓導が出征して欠員が多かったのである。優秀な子女が学ぶ台北第三高女を卒業し、補習科を経て教員資格をもった台湾人女性は、師範学校卒業生とともに、台湾における国民教育の基盤たる初等教育を担う人材でもあった。

林欽菊の手元には、二〇〇一年一〇月発行の『台北第三高等女学校　回学録』がある。彼女が台北第三高女を卒業したのは、一九三六年（昭和一一）三月である。この年の卒業生は一四六人である。入学した時は一五六人だったが、それが一五二人になり卒業時に一四六人だったという。一組から三組まで、各クラス五〇人ほどだった。その中には、日本人生徒が三〇人余りいた。

林欽菊たちは、台北第三高等女学校の第一三回卒業生である。二〇〇一年の卒業生名簿には、台湾人七〇人と日本人二四人の氏名があり、故人となった同窓生として五二人の氏名が記されている。

二〇〇一年以降、台北第三高等女学校の同窓会名簿は作られていない。戦前に第三高女で学んだ人たちは高齢化し、戦後に制度が変わってから卒業した若い人たちに名簿作成を引き継ごうとしても、意識が違う戦後世代は日本統治下で学んだ戦前の卒業生の名簿は作らないのだという。

林欽菊は、「この名簿が作られてから亡くなった方も多いの。」「今年（二〇〇八年）、九〇歳だものね。」「手術したり、高血圧で亡くなったり、日々友はほろびゆく。」と言い、「以前は毎年作っておりました。」と言い、そっと名簿に手をおいた。

台北高校から医学院へ

余恩賜《よおんし》は終戦の年に台北高等学校に入り、戦後台湾大学医学院を卒業して医師となった。台湾大学の二年生までは、日本人の教授が残っていてその指導を受けた。余恩賜は終戦の頃をふり返りながら、「解剖学は金関、ちょっと有名な生理学の細谷、組織学の森於菟など、優秀な先生がいた。」と、台北帝大の教授で台湾大学医学院の教授をつとめた日本人教員の名をあげた。

「金関」とは解剖学者で九州大学に移った金関丈夫のことであり、「細谷」は生理学者の細谷雄二のことである。森於菟は森鷗外の長男で、解剖学を専門とした。『台湾総督府及所属官署職員録　昭和十九年一月一日現在』には、台北帝国大学医学部教授二四人の中に、「従四勲三　森於菟」「正五勲三　金関丈夫」「正五勲三　細谷雄二」と記されている。

余恩賜は一九二六年（大正一五）三月七日に、台北市永楽町に生まれた。祖父は菓子屋だった。父はネッスルの代理店を営んでいた。父余約束《やくそく》と母鄭芙蓉《ていふよう》は、なかなか子が授からなかったので、男の子を養子にむかえた。それが恩賜の四つ年上の兄維英《いえい》である。結婚して八年後に実子が授かったので、「恩賜」と名づけたという。

恩賜は台北市太平町にあった大橋公学校を卒業し、台北師範学校に進学した。あまり丈夫な方ではなかった彼は、師範学校一年生のときに関節炎を患った。国民教育の指導者となる師範学校の生徒は、学力優秀であるとともに、特に身体壮健かつ志操堅固でなければならなかった。入学早々の恩賜にとって、師範学校での柔道、水泳、教練などの身体的訓練が過重となり、膝を傷めてしまったのである。治療に専念するために休学して、台南で一年間療養生活を送った。

台南には父約束の「結拝《けっぱい》」、すなわち義兄弟の契りを結んだ黄必麟《こうひつりん》がいた。恩賜は彼を「台南おじ」と呼んでいる。父は、厦門から鞄一つでやって来た黄必麟の世話をし、台南でネッスルの代理店を営めるようにしたのだという。

黄必麟は恩賜を台南に呼んで、漢方薬による治療を受けさせた。台湾語で「先生のお母さん」と呼ばれる漢方医の女性がいて、水を張った盥《たらい》に薬草を入れて炊き、浸けている足の患部を蒸気で治すという施療だった。余恩賜は、こうした民間療法について、「漢方医もいろいろあって、今日ではけちをつける人も多いが、あのおばあさんの治療は本物だった。」と言う。薬草を炊いた蒸気で炎症が取れ、恩賜の関節炎が治ったのである。

師範学校休学中に立ち仕事の教員は向かないと思った恩賜は、医者を目指すことにして台南のミッションスクール長栄中学校の二年生に編入した。長栄中学校の加藤校長は、退役した海軍軍人で、師範学校の生徒は優秀だからと言ってすぐに編入を許可してくれた。長栄中学に入ると、恩賜は副級長に任じられた。当時長栄中学校の配属将校は野口中尉、その下に軍曹が一人いたという。

国文の関口教諭には大いに誉められたことがあった。中学校時代に、恩賜は日本教育における特別攻撃の精神をアピールしていた。特攻についての彼の作文に注目した関口教諭が、朝会でそれを取り上げ、「こんな優秀な生徒がおる」と言って朗読した。「身を亡ぼしても、彼の精神は永久に生き続ける。」といった内容だったという。当時は、役所が音頭を取って皇民化運動が推進されていた。それは、「台湾人を日本人にしてしまう運動でした。」と余恩賜は述べて、次のように言う。

日本語を使いなさいと言い、台湾神社に参拝させた。当時私は、自分でも日本人であると自覚しておったんです。無邪気でしたから。

中学校に進む数年前、父約束は病気のために店の経営に十分目配りできなくなっていた。兄維英が建成小学校を卒業するころには、他人の借金の保証人になったことが災いして店をたたまなければならなくなった。優秀だった兄は、建成小学校から台北二中を受けて合格したが入学しなかった。父約束は借金してでも台北二中に入れるつもりだったが、維英は進学しなかった。恩賜は、今も「惜しいことをした。」と思っている。それほど維英は、勉強がよくできたのである。のちに維英は、父とともに商売を建て直しその店を継いだ。恩賜が台南の長栄中学校に編入した頃は、父に経済的余裕がなかったので、「結拝」の「台南おじ」が恩賜の学費を出して支援してくれたという。

長栄中学校を卒業した恩賜は、高等学校に入るために、台北駅の向かいにあった予備校に通って勉強した。旧制高校は難関であり、誰もが簡単には合格できなかった。

父約束には、とても仲の良い友人で金口という日本人がいた。総督府に近い今の重慶南路のところに大きな店を構えていた。終戦後その友人が日本に帰るとき、店をあげるから来てほしいと言ったのに、父は貰いに行くことができなかったという。「親父は肝っ玉が小さかったから、日本人の財産を貰うと罰せられるのではないかと、大陸から来る者を怖がって行けなかったにちがいない。結局、大陸から来た政府に、みんな取られてしまった。」と言い、余恩賜は次のように語った。

日本人は情に厚くて、それでいてあっさりとしたところがあった。台湾人も情に厚いでしょう。日本教育を受けた人はね。昔を懐かしがっています。

蔣介石の軍隊が来た時には、その姿や行動を見て失望しました。私は台湾大学の医学生だったとき、学生代表をしていました。二二八事件の頃です。

余恩賜は、「今も親日的です。」「話すときは、台湾語と日本語のちゃんぽんです。」と言い、過ぎし日の戒厳令下の台湾の出来事に目を向けた。

昭和生まれの二人

黄絢絢《こうけんけん》は、一九二九年（昭和四）三月三〇日に台北市万華《まんか》に生まれた。龍山寺の近くである。

彼女は台北市老松町の老松公学校の本科と高等科を卒業した。「日本人の男の先生に習った。」と言う。校長は亀岡不二生だった。

総督府所属官署職員録によると、彼女が本科六年生のときの老松公学校は本科四〇学級、高等科四学級だった。台北市内の同校は、校長のほか訓導四一人、教員心得五人の大きな公学校だった。本科の規模からみて、高等科の学級数が少なかったことがわかる。この点は、同時期における日本内地の高等科進学状況とは異なるところであり、絢絢の高等科進学が持つ当時の台湾社会における意味合いがうかがえよう。

黄絢絢は高等科二年卒業後、台北帝大附属病院の看護助手となり、終戦後一九歳の時に試験を受けて看護婦となった。その後ずっと台大医院に勤めた。父は黄尚《こうしょう》、母は黄潘耀女《こうはんようじょ》といった。母は二〇〇八年三月に、数え一〇四歳で亡くなった。日本語は絢絢よりもずっと上手だったという。父は商業学校を出て、戦争中はハワイにいたが、戦後台湾に帰り八八歳で亡くなった。

戦争末期に台北は空襲を受け、空襲警報が鳴り響いていた。だが彼女は疎開することはなかった。総督府の近くにデパート菊元があり、エレベーターもあったことが思い出される。警察は道をいばって歩いていた。もちろん親切な日本人もいたけれど、ごく少数だったとの印象が強い。

「終戦後しばらく経ってから、公学校の先生が懐かしがって台湾へやって来た。みんなで大歓迎すると、先生は涙をこぼして感激し、台湾人にもっとよくしてやればよかったなどと言ったりした。」と、彼女がやや冷めた調子で語るのが印象的であった。そして彼女は、「今の日本人は平和でありますようになんて言っている。私たちから見ると、今の日本の若い人は、なよなよしていて良くない。」との感想を示すのだった。

張維毅《ちょういき》は一九三二年（昭和七）に、台北州海山郡《かいざん》鶯歌庄《おうか》樹林《じゅりん》に生まれた。父は張朝枝《ちょうちょうし》、母は張陳葱《ちんそう》といった。父は鶯歌庄の役場に勤め、母は樹林農会に勤めていた。兄弟は五人、維毅は次男で弟が三人いた。維毅は一九三九年四月に樹林公学校本科に入学し、終戦の年三月に樹林国民学校初等科を卒業した。そして同年四月、台北州立台北工業学校に入学した。

樹林国民学校は一学年三クラスで、一クラス四〇人から五〇人ぐらいだった。そのうち、中等学校に進学するのは一クラス三人ぐらい、三クラス合わせて一〇人ほどだった。五年と六年のときの担任は森繁訓導だった。維毅は担任の先生を思い出しながら次のように話す。

青森県出身の先生で、終戦後台北に来たんですよ、森繁先生。私はあの先生をとても尊敬していた。二十何歳ぐらいだったでしょうね。まだ独身で単身赴任でした。中等学校に進学するには、今の塾みたいに受験準備が必要でした。学校の宿舎に住んでいて、私たちを夜そこに呼んで勉強を教えてくれました。戦後しばらくしてからは、連絡がとれなくなったので残念でした。

維毅の母陳葱も樹林公学校で学んだ。「私は公学校の時に太田先生にとても可愛がられた。」と、維毅は何度も母から聞かされたという。「女の先生です」と彼は言う。陳葱が卒業し結婚した後も、「太田先生」とは親しい付き合いが続いた。だから維毅は「太田先生」の長男が「太田耕一郎」という名であったことを今も覚えている。

終戦当時、台北市大正町三条通に「太田先生」の家があった。彼女には男の子が二人、女の子一人がいて、家族でそこに住んでいた。日本に帰る時に「太田先生」はその家を維毅の母に与えた。師範学校生徒の兄維雄《いゆう》と工学校生徒の維毅の二人は、「太田先生」から貰ったその家から学校に通ったという。

終戦後は「太田先生」と連絡がとれなくなった。兄の維雄と維毅は、その後の消息をなんとか得たいと努力したが、わからないままとなった。のちに維雄が日本に留学したときにも探したが、手がかりは得られなかった。

兄の維雄は、一九三〇年（昭和五）の生まれ。「台北第二師範学校を戦後卒業して教員を勤めたあと、一九五〇年代後半に関西大学商学部に留学し、卒業後早稲田大学大学院修士課程に進み、修了後就職して一〇年間日本で暮らしたのち、台湾に帰り化学工場の会社に勤めた。」とのことである。関西大学の『一一五周年記念校友名簿　二〇〇一年　索引篇』には、「張維雄」「昭35学1商」と記されていて、彼が一九六〇年商学部（第一部）の卒業生であることがわかる。

すぐ下の弟維謙《いけん》は、一九三四年の生まれ。日本の国民学校初等科六年生のときに終戦を迎えた。維毅の話によると、「維謙は戦後、成功高級中学（戦前の台北第二中学校）を卒業して台湾大学経済学部に進学した。卒業後二年間予備軍官（幹部候補生）となり、一九六〇年代初めに関西大学大学院経済学研究科修士課程に留学し、修了後いったん台湾に帰ったのちカリフォルニア大学に留学し、さらにウィスコンシン大学に学んで統計学博士の学位を授与され、北イリノイ大学の教員となった。」という。前掲の関西大学『校友名簿』には、「張維謙」「昭36院修経」と記されている。

二番目の弟維邦《いほう》は、一九三七年生まれ。樹林国民学校初等科三年生のときに終戦を迎えた。「成功高級中学から台湾大学に進み、二年間の予備軍官ののちスイスのフリボーグ大学に留学し経済学博士の学位を取得した。その後カナダに渡り、モントリオール大学の教員となった。」とのことである。

二人の弟がアメリカに移住して台湾に帰ってこなかった理由について、「当時台湾では、大陸から来た中国系の権力が強くて、帰って来てもしようがないからだった。」と張維毅は言う。そして、兄弟がみな「予備軍官」を勤めたことについて、「あれは全く蔣介石のためのものでしかなかった。」と語る。

維毅は戦後「北京語系の学校」を出て、国民党政府の道路公団に一〇年間勤めたあと、退職して台北県淡水の淡江大学に入った。卒業後三年余り三菱商事台北支店に勤め、その後カナダに渡ってアメリカとカナダに二〇年間暮らしたという。

数年という時の流れ

本章に記した人たちの口述資料を収録した二〇〇八年八月の調査から、すでに数年の歳月が流れた。この折に話を聞かせてもらった六人のうち、三人が大正の生まれ、あとの三人が昭和初期の生まれである。同じ大正でも大正半ばと末では数年の年齢差があり、昭和初期も数年経てば大正半ばに生まれた人との差は十年を超えてしまう。

長年にわたって口述資料の収集を続けていると、年齢差によってそれぞれの人生体験の内容と認識にかなりの違いがあることを感じさせられる。数十年も前の若い時の記憶ともなれば、十年近い年齢差は、社会的事象はもちろんのこと、自分の身の回りのことについても、そのとらえ方が大きく異なって来る。終戦時に二十代前半だった人と、十代の前半だった人では、その後の人生の歩みともかかわって、体験した社会についての事実認識にも違いがみられる。一世代前には誰もが当たり前として知っていたことが、あとの世代ではそうではなくなることも珍しくない。だから、口述資料の収集には、できるだけ広い年齢層を対象にするのがよいのだが、歳月の経過とともに、終戦時に年齢が高かった人たちからの聞き取りは刻々と難しくなっていく。

本章に叙述した人たちのうち、二〇〇八年に八〇代半ばを超えていた人からの聞き取りはもはや不可能となっている。話を聞かせてもらえなくなったということは、その人たちが大切に保管してきた資料も目にすることができないということである。私の研究調査の上で、数年の時の流れは重大な意味をもつことを思い知らされる。ましてや、同年三月刊の『台湾と日本』で取り上げた人たちの多くは、もはや会うことすらできなくなった。

本書においては、主として昭和初期に生まれた台湾の人たちの人生を対象とし、日本の敗戦から数十年を彼らがどう生きてきたのかを具体的に叙述することにした。日本の敗戦、そして七〇年の台湾の人びとの心と向き合う上において、この世代の人びとの後半生と彼らにかかわる様々な事象は、現代という時代を映し出して貴重である。

それらの人びとに寄り添いながら、私はできるかぎり史実を記すことに努めた。話を聞かせてもらった人たちに、記録した内容を再確認してもらえるのも、今の時期を逃してはますます難しくなるにちがいない。

あとがき

台湾におけるこれまでの資料調査の過程において、私は日本統治下に生まれ育った一〇〇人を超える人たちから直接取材し、その生の声を記録するとともに、貴重な資料の提供を受ける機会に恵まれた。研究機関での資料調査は言うまでもなく、台湾全島と日本各地を訪ねて口述資料と文字資料を収集し、それらの一つ一つを照合検討し、人びとが生きた時代の真実に触れようとする研究に取り組んできた。

七年前に出版した『台湾と日本――激動の時代を生きた人びと』（東方出版、二〇〇八年）も、四年前の『看護婦たちの南方戦線――帝国の落日を背負って』（東方出版、二〇一一年）も、同じ関心と思いをもって執筆したものである。

この二著出版の基礎となった調査と研究は、主に戦前・戦中を対象とし、統治下において高等教育を受けた人びとが「台湾の幸福」をどのように実現しようとし、台湾人民衆が戦時下をどう生きたのかを解明することに主眼をおいた。ところが、その取材過程において、新たに重要な課題に気付かされることになった。それは日本の統治を脱して以後の、激変する戦後の台湾社会を生きた後半生の重要性であった。台湾語でも北京語でもなく、日本語によってこそ複雑な思考や感情の機微の表現ができる台湾の人たちの、日本の社会と文化への思いの核心やその変遷は、戦後社会でのこの人たちの実生活を知り心の襞にまで目を注いで初めて、その精神史の全体を把握することが可能となる。だが、このことに着目し、彼らが生きてきた戦前と戦後をつなぎながら文化的精神的内実を具体的に明らかにした史的研究は、台湾においても日本においても皆無に近かった。

前記の二著刊行後に取り組んだ新たな主題、すなわち統治下に育ち戦後の台湾社会を生きた人びとの後半生とその精神史・社会史に関する研究成果は、二〇一三年三月一五日に国立台湾海洋大学で開催した国際シンポジウム「台湾と日本の戦前・戦後」において、「台湾の中の戦後日本」と題して公表した。当日は、台湾の研究者や市民のほか、日本からの来場者もあり活発な意見が交換された。会場には、資料提供者の一人であり、一九五〇年代から六〇年代に中華婦聯会の重職にあった孫《そん》傅《ふ》秀《しゅう》松《しょう》が駆けつけ、私の研究発表の証言者となった。このシンポジウムは、基隆の同大学海洋文化研究所の協力を得て開催したものであり、安《あん》嘉《か》芳《ほう》同研究所長兼副教授や卞《べん》鳳《ほう》奎《けい》副教授らが趣旨に沿って研究発表を行った。

二〇一四年三月一五日には、卞副教授を招聘して国際シンポジウム「日本の近現代と台湾」を関西大学で開催した。当日は研究者・学生・市民が多数参加し、熱心な質問や意見が寄せられた。これまでに私が開催した国際交流研究集会「65年目の証言―日本人・台湾人陸軍看護婦とルソンの戦場―」（二〇一〇年三月、於関西大学）には二三〇人を超える来場者があり、台湾から元広東第一陸軍病院看護助手の葉蔣梅《ようしょうばい》を招いて開催した国際シンポジウム「青春と戦争の惨禍―大阪日赤と救護看護婦―」（二〇一一年一〇月、於関西大学）には三〇〇人に達する参加者があった。台湾と日本に関する新たな史的研究の成果への一般市民及び研究者の関心の高さがうかがえる。

二〇一四年三月のシンポジウムでは、前年基隆でのシンポジウム後に調査した台南の製糖工場跡に関わる研究成果を公表した。台南麻豆の製糖工場に勤務した李徳樹《りとくじゅ》を探し当てた私は、戦中に神奈川の高座海軍航空廠《しょう》少年工に応募し戦後帰国して国営となった製糖工場に就職して現場一筋に勤め上げた彼の半生を紹介した。徳樹の兄は戦前の明治製糖会社から事務員として勤めたが、戦後は大陸から来住した人たちが事務部門に入ったため、台湾人の新規採用は現場のほかでは困難だったという。シンポジウムでは、日本時代の教育と工場の管弦楽団、戦後の製糖工場と地域の変化を追った。

李徳樹に会えたのは、高李麗珍《こうりれいちん》への取材がきっかけとなった。麗珍の父は戦争末期にスパイ容疑で日本警察に逮捕され、戦後は兄が二二八《ににはち》事件で射殺された。彼女は、一九五〇年代に日本の高等学校に留学し短大を卒業して、帰国後は台湾社会の福祉の向上に力を尽くした。

終戦の翌年に広東第二陸軍病院から復員した傅秀松は、中華民国国民政府軍将校の孫海峰《そんかいほう》と結婚し、国府軍兵士と家族の福祉に尽くすとともに、日本との社会的・経済的交流に力を注いだ。

夫の孫海峰には、一九四四年に中華民国南京政府から日本の陸軍士官学校へ留学した体験があった。孫海峰は故人となっていて、日本の陸軍士官学校留学当時の経緯やその後について、直接口述資料を得ることは不可能だったが、幸い私は、彼と同期の留学生王威厘《おういりん》に出会い、取材に応じてもらうとともに、写真、手記などの貴重な資料の提供を受けた。孫は北平《ペーピン》（北京）から、王は広東から日本に留学した。孫海峰の遺品は、妻の傅秀松が所蔵していて、資料の提供を受けている。陸軍士官学校中華民国留学生関係の資料は、防衛省防衛研究所図書館で収集し、広東での実地調査も行った。

いま私は、台湾に逃れた国府軍家族のために建設された軍人家族村の調査から、上海生まれの曹佩芳《そうはいほう》への取材を進めている。彼女は、戦中に上海の日本企業に勤め、戦後国府軍将校と結婚したが、国共内戦で共産軍に追われ、夫とともに青島《チンタオ》から台湾に向かう最後の船に乗った。台湾で生まれた娘たち四人はいずれも日本に留学し、三人は日本人と結婚した。私の聞き取り調査に同席した娘たちは、初めて聞く母の体験に驚いた。取材によって得た史実は本書の第二章に記している。日本の統治下に育った台湾の人たちと、国共内戦を経て大陸から台湾に移住した人たちの戦後史を、丹念な聞き取り調査と資料収集を通して、日本の文化や社会との関連で明らかにした研究は、日本においても台湾においても皆無である。

本書は、戦後の台湾社会を生きた人びとの口述資料、手記や手紙、戦前・戦後の新聞や雑誌記事、公文書等々の資料の収集と検討、さらには関連する建物や街の変化の実地調査による検証なども行った上で、日本の戦前・戦中から、戦後復興期、そして高度成長期とその後における日本の社会文化史との密接な関係のもとに、台湾の人びとがどう生きてきたのかを考察したものである。日本の伝統的な文化観や社会観を日本語で理解する台湾の人たちの人生を描いた本書をとおして、戦後台湾社会の文化継承・変遷の内実や、戦後七〇年の日台関係史への理解が少しでも深まるならば、これほどうれしいことはない。

本書執筆のための調査においては、次の方々のお世話になった。

孫傅秀松氏、葉蔣梅氏、高李麗珍氏、高俊明氏、李徳樹氏、李謝妙氏、鄭瑞康氏、廖継水氏、張蕊氏、李淑容氏、謝李宝玉氏、李曹佩芳氏、張徳卿氏、林明徳氏、廖坤福氏、簡慶璋氏、黄招氏、楊孔昭氏、楊石秀華氏、李高燕文氏、林欽菊氏、余恩賜氏、黄絢絢氏、張維毅氏、憑綉笑氏、蔡満妹氏、林彦卿氏、胡順来氏、劉張美玉氏、陳紀鳳氏、卞鳳奎氏、林耿清氏、楊劉秀華氏、王城威博氏、豊田千代子氏、加藤麗子氏、加藤訓氏、永石辰郎氏、都倉武之氏、多治見国正氏、

調査の過程において、慶応義塾福澤研究センターと国立台湾海洋大学海洋文化研究所の協力をいただいた。

本書執筆の基礎にした既発表の拙稿は、「記憶の中の台湾と日本（3）―統治下において高等教育を受けた人びと―」（『関西大学文学論集』第五八巻第四号、二〇〇九年三月）、「問い続けたいあの戦争と平和について―日本人・台湾人陸軍看護婦とルソンの戦場―」（『国際交流研究集会 65

年目の証言―日本人・台湾人陸軍看護婦とルソンの戦場―研究報告集』、二〇一〇年三月)、「帝国の落日を背負って―野戦病院と遺芳録から―」(『国際シンポジウム　青春と戦争の惨禍―大阪日赤と救護看護婦―研究報告集』、二〇一一年九月)、「記憶の中の台湾と日本(6)―統治下における戦争の体験―」(『関西大学文学論集』第六一巻第四号、二〇一二年二月)、「台湾の中の戦後日本」(『国際シンポジウム　台湾と日本の戦前・戦後　研究報告論文集』、二〇一三年三月)、「記憶の中の台湾と日本(7)―統治下に育った人びとの戦後の軌跡―」(『関西大学文学論集』第六二巻第四号、二〇一三年三月)、「記憶の中の台湾と日本(8)――統治下に育った人びとの戦後の軌跡」(『関西大学文学論集』第六三巻第四号、二〇一四年二月)、「台湾人の戦後と日本の記憶」(『国際シンポジウム　日本の近現代と台湾―文化の継承と変遷―研究報告集』二〇一四年三月)、「記憶の中の台湾と日本(9)―統治下に育った人びとの戦後の軌跡―」(『関西大学文学論集』第六四巻第四号、二〇一五年三月)などである。

本書は、主に科学研究費助成事業(学術研究助成基金助成金)基盤研究(C)「戦後日本の社会生活史と台湾―統治下で育った台湾人の日本認識とその変遷の記録化」の成果であるとともに、科学研究費補助金基盤研究(C)「昭和前期日本の社会・文化史と台湾―台湾知識人精神史の記録化」、及び同基盤研究(C)「昭和戦中・戦後期の日本の社会史と台湾―台湾人民衆の戦争体験と日本認識の記録化」の成果でもある。

本文中に引用した資料は原文のままを原則としたが、適宜、句読点とルビを付し、常用漢字を使用した。明白な誤字は正しておいた。また、本文中では敬称を略した。聞書きはできるだけ意を尽くした記述に努めたが、至らない点があればご寛恕のほどを切に願う次第である。

最後に、長い年月にわたり私の研究調査に一方ならぬご協力をくださり、台湾を訪ねるたびに格別のご厚情をいただきました孫傅秀松氏、張徳卿氏、楊劉秀華氏に心より御礼申し上げます。

二〇一五年四月一〇日

大谷　渡

索 引

■か行

■さ行

■た行

■な行

■は行

■ま行

■や行

大谷　渡（おおや　わたる）
関西大学教授。日本近現代史専攻・博士（文学）。1949年12月、奈良県に生まれる。関西大学文学部卒業、関西大学大学院修士課程修了。著書に『管野スガと石上露子』『教派神道と近代日本』『天理教の史的研究』『北村兼子――炎のジャーナリスト』『大阪河内の近代』『台湾と日本――激動の時代を生きた人びと』『看護婦たちの南方戦線――帝国の落日を背負って』があり、編書に『石上露子全集』、編著書に『大阪の近代――大都市の息づかい』（いずれも東方出版）がある。
住所　奈良県磯城郡田原本町為川南12－2

台湾の戦後日本
敗戦を越えて生きた人びと

2015年8月24日　初版第1刷発行

著　者――大谷 渡

発行者――稲川博久

発行所――東方出版㈱
〒543-0062　大阪市天王寺区逢阪2－3－2
Tel. 06-6779-9571　Fax. 06-6779-9573

装　幀――森本良成

印刷所――亜細亜印刷㈱

落丁・乱丁はおとりかえいたします。
ISBN978-4-86249-253-1